大展好書　好書大展
品嘗好書　冠群可期

大展好書　好書大展
品嘗好書　冠群可期

輕鬆學武術 8

四十八式木蘭劍

（附 VCD）

秦子來　編著

大展出版社有限公司

天人合一
与时俱進

為"晨练丛书"題

蔡龍雲

作者簡介

秦子來，女，1964年2月生。1978年考入武漢體育學院運動系武術專業，1984年畢業於武漢體育學院。中國武術國家級裁判員，武術七段。現任武漢大學體育部副教授，武漢大學武術代表隊主教練，武漢市武術協會副主席，湖北省高校武術協會副秘書長，武漢市木蘭拳專業委員會主任。

2001年出訪芬蘭瓦薩理工大學進行太極拳講學活動。運動員期間多次參加全國武術比賽，擅長太極拳及太極劍術，並取得了優異成績。任武漢大學代表隊教練以來，多次帶隊參加國際、全國、湖北省、武漢市武術比賽，並獲得優異成績，多次參加全國重大武術比賽的裁判工作。

曾出版《奧運縱橫——奧運文化發展軌跡》、《二十八式木蘭拳》、《三十八式木蘭扇》、《四十八式木蘭劍》、《武術基礎理論》、《大學體育與健康》等多部著作；發表了《運動人體科學虛擬實驗系統的研製》、《中國武術的民族傳統文化內涵》、《初級長拳（第三路）難點動作教學探析》、《論體育保健教學對學生心理素質和道德修養的影響》、《湖北省武術館校學生與同齡普通中學生目標定向的比較研究》、《論普通高校體育教學管理的思路與對策》、《武術運動對學齡前兒童素質教育的影響》等20多篇論文。

前 言

聞雞起舞是中國人晨練的寫照，直到今天，迎著初升的朝陽，沐浴著陣陣晨風翩翩起舞仍是中國人最常見的鍛鍊身體的方法。在晨練的人群中，習武者頗多，其中練太極拳和木蘭拳的人就不少，在許多地方早已是蔚然成風。

武術是中國傳統文化的一部分。傳統文化既有民族性又有時代性。葉朗先生說：「傳統是一個發展的範疇，它具有由過去出發，穿過現在並指向未來的變動性……傳統並不是凝定在民族歷史之初的那些東西，傳統是一個正在發展的可塑的東西，它就在我們面前，就在作爲過去延續的現在。」武術正是這樣不停地發展變化著。如二十四式簡化太極拳就是爲了滿足人們練習的需要，在原來太極拳的基礎上刪繁就簡創編的，一經出現就受到了廣大練習者的歡迎，至今流傳已近半個世紀，早已成了較爲「年輕的傳統武術套路」了。後來的四十二式太極拳更是由各式太極拳相互融合而成，開始僅作爲運動員的比賽套路，現在也成了人們晨練的內容之一。而木蘭拳是以傳統的武術爲母本生長出來的新枝，開出的新花，爲人們所接受，已是各地晨練不可或缺的內容。作爲中國傳統文化的武術就是這樣不斷地發展者，表出出了強大的生命力，即使它的某些新的東西一時爲一些人所不理解、不接受，但它依然發展著。

爲滿足廣大練習者的需要，湖北科學技術出版社決定按照國家規定套路以太極拳和木蘭拳爲內容出一套「輕鬆學武術」叢書。介紹太極拳和木蘭拳的書籍已經很多，如何創新呢？後來考慮一般武術書中的「圖中人」都是面向讀者。由於動作的方向經常變化，練習者的動作方向時而和「圖中人」動作方向相同，時而又和「圖中人」的動作方向相反。對於還不十分熟悉武術動作的初學者來說，往往感到看圖學動作較爲困難，這實際上也是編寫武術圖解長期未能解決的一個難點。我們受到在教學實踐中教師常根據學生練習時身體方向的不同，不斷地變換領做位置的教法的啓發，想到用正反兩套圖來編寫這套書，也算是一個大膽的嘗試，即是本書特色所在，希望能爲廣大讀者所接受和習慣。

我國著名武術家蔡龍雲先生爲這套叢書寫了「天人合一，與時俱進」的題詞，一方面點明了人們在晨練時人與大自然融爲一體的情景和對中國傳統哲學「天人合一」觀念的追求，同時也反映了武術要常練常新，不斷發展的思想。在此謹向蔡先生表示深切的謝意。湖北科學技術出版社蔡榮春編審從選題到編寫方法，直到審定，付出了大量的心血，在此一併致謝。

本書太極拳部分由王飛執筆，動作示範劉沛、吳雪琴；木蘭拳部分由秦子來執筆並動作示範。

溫　力　於妙齋

簡 介

四十八式木蘭劍是國家體育總局武術管理中心於1999年10月組織有關專家編寫的國家規定套路。在體現木蘭拳武舞結合特點的基礎上，強化了技術規範，增強了木蘭拳運動的競技性、可比性，從而促進了木蘭拳運動的普及和提高，使木蘭拳運動更加科學和規範地發展。

全套共由48個動作組成，其中包括劍法、穗法、步型、步法、腿法、平衡等動作。整套動作身法、步法、劍法靈活多變，剛柔相濟，結構嚴謹，動作優美瀟灑。

本書根據運動方向全套共分爲四段。第一段從「起勢」到「插步提劍」；第二段從「蹬腳行步穿劍」到「雲穗插步平刺劍」；第三段從「轉身上步平刺劍」到「提膝上刺劍」；第四段從「歇步掃劍」到「收勢」。

全套動作編排合理，連貫流暢，符合競賽規則的要求，深受國內外木蘭劍愛好者的喜愛。

看圖說明

1.本書是以「蝴蝶頁」的形式編排的，即左邊雙數頁碼和右邊單數頁碼成為一個整體，翻開任何一頁，均應將左右相鄰兩頁的內容連在一起看。

2.每一頁都有上下兩組圖，上面圖像較大的一組爲主圖，下面圖像較小的一組爲副圖。兩組圖的圖中示範者的動作完全相同，唯方向相反。主圖的示範者爲背向練習者起勢；副圖的示範者則是面向練習者起勢。

3.因主副圖中示範者起勢的方向相反，運動的前進方向也相反；同時由於在演練的過程中動作行進的方向經常變化，主副圖中示範者的動作前進方向也都隨之變化，所以在主副圖下方向分別標注的動作前進方向箭頭，讀者在看圖時首先要看清動作前進方向，且要注意將「蝴蝶頁」相鄰兩面要連起來看。

4.我們將主圖中的示範者定爲背向讀者起勢，在一般情況下，示範者的動作前進方向和練習者一致，所以以看主圖爲主。當主圖中局部動作因圖中示範者的身體遮擋而看不見或看不清時，可以參看副圖。當練習時身體動作轉體180°時，練習者再看主圖中的示範者的動作很不方便，此時副圖示範者正好背對練習者，副圖中示範者的動作前進方向和練習者一致，在這種情況下以看副圖爲主，參看主圖。注意，從副圖上看動作的前進方向與主圖的前進方向相反，這是因爲身體動作轉體 180°所致，對於練習者來說，動作前進方向是沒有改變的。當身體動作又轉體 180°回到原來的方向時，則仍以看主圖爲主。在不同的情況下分別看主圖和副圖，就好像是在練習者身體前後各有一個示範者，在開始時隨身前的示範者的動作進行練習，當動作轉體 180°時就隨原來的身後的示範者的動作進行練習，這正是本叢書與其他武術圖解書最大的不同之處，爲讀者提供了一個來自於教學實踐的新的看圖學動作的方法，讀者只需稍加熟悉就會習慣。

5. 圖中示範者身體各部位的動作由相應部位爲起點的箭頭指示，箭頭所示爲由該姿勢到下一姿勢的動作路線，左手和左腳的動作用虛線箭頭表示；右手右腳的動作用實踐頭表示。有些圖中有簡單的文字提示細微動作的做法和動作要領，學習時以看圖爲主，參看文字說明。

6. 對照本叢書來觀摩其他練習者的演練也十分方便。當被觀摩者背對觀摩者起勢時，只需看主圖；當被觀摩者面對觀摩者起勢時，只需看副圖，這樣被觀摩者的前進方向及動作都和圖中人的前進方向和動作完全一致，不會因動作方向的改變而造成看圖的不便。

7. 每頁圖上的「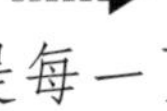」爲動作前進方向，也是看圖的順序，注意不是每一頁都是從左到右看，有的是從右到左看的。另外，上、下兩排主、副圖的方向正好相反，注意動作編號相同的才爲同一動作。

目　錄

【二　弓步持劍前指】

弓步前指與畫弧持劍必須連貫、協調一致，眼視右手指。

（5）

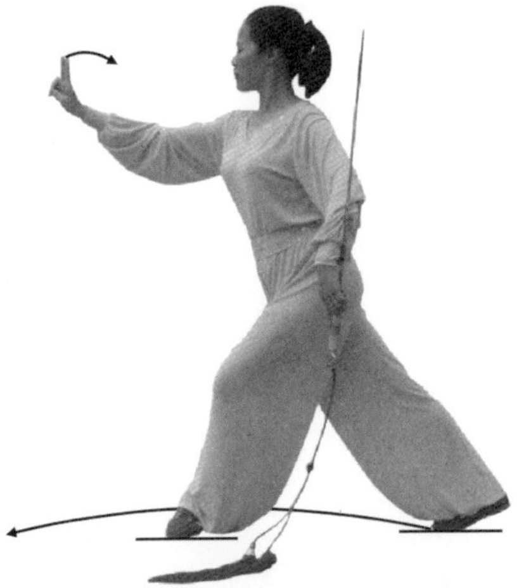

（4）

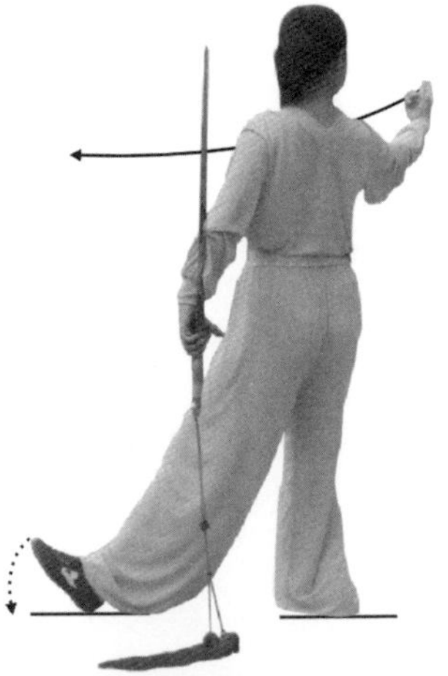

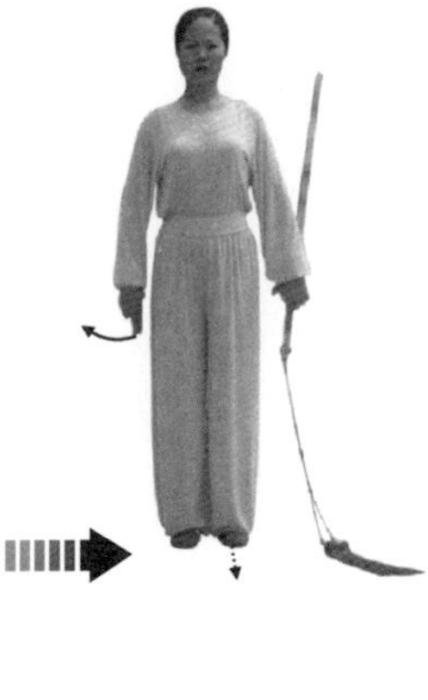

（1）

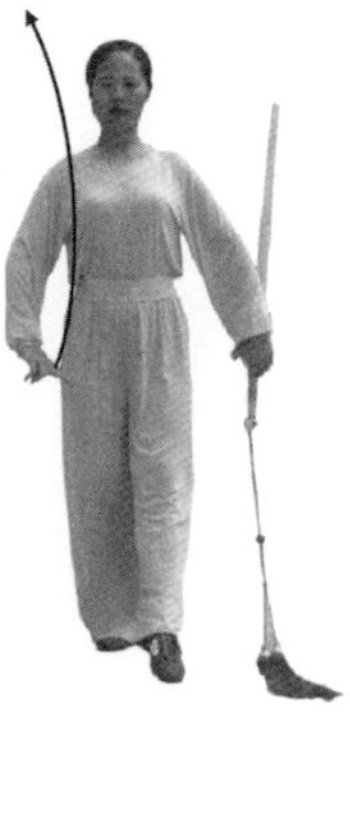

（2）

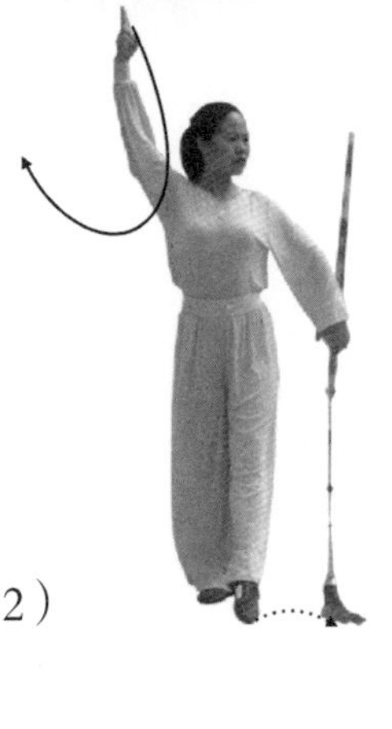

（3）

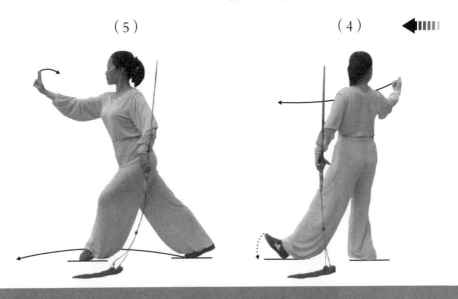

【預備勢】

自然站立，精神集中。

【一　前點步持劍上指】

右手旋腕畫弧要以腰帶臂，上步前點和劍指上穿要配合協調，身體要直立，要擰腰，挺胸。

（3）　（2）　（1）

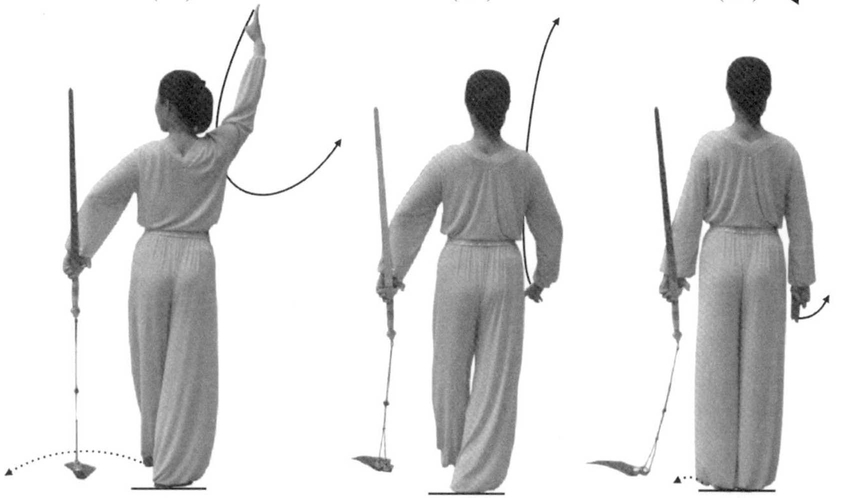

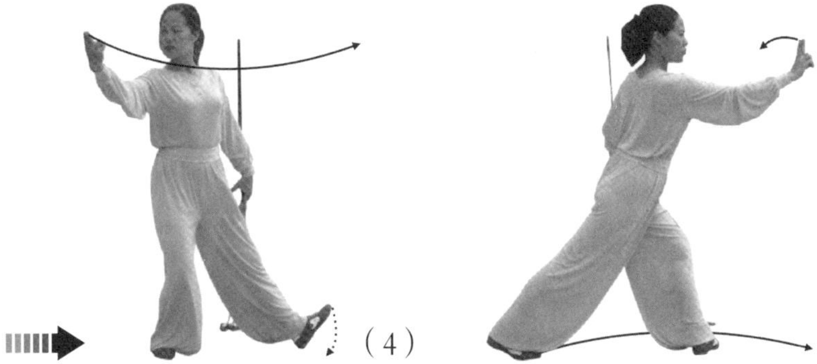

（4）　（5）

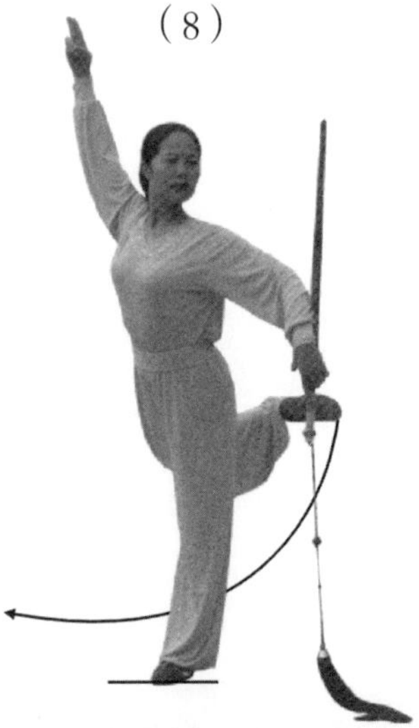

（8）

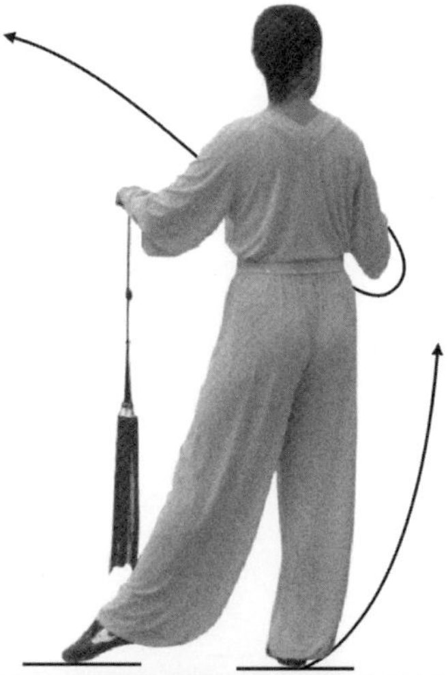

（7）

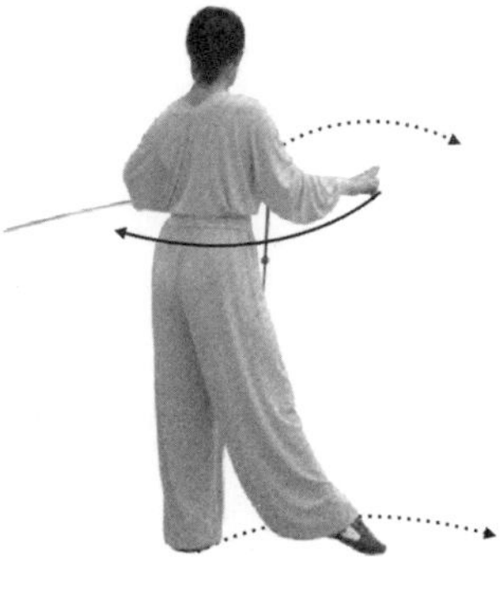

（6）

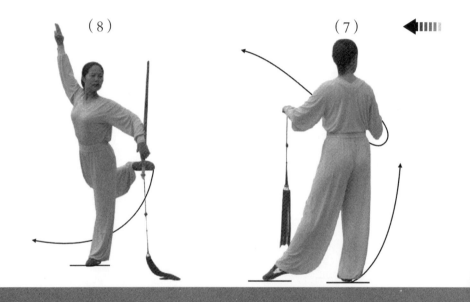

【三　後舉腿持劍穿指】

以腰帶臂左右平抹與上步動作相互配合，後舉腿與穿指動作協調完整，眼視左方。

（6）

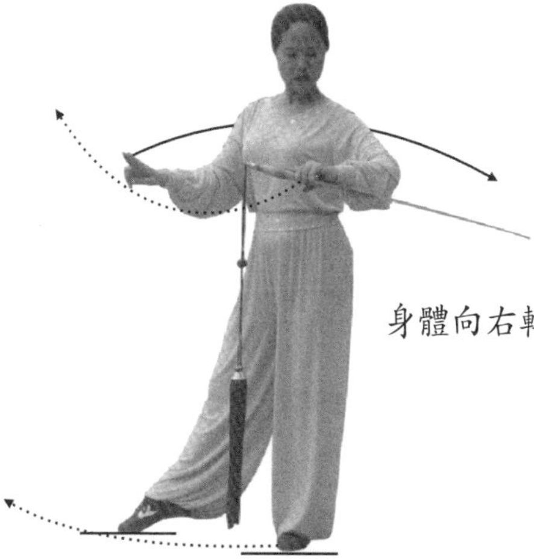

身體向右轉 180°。

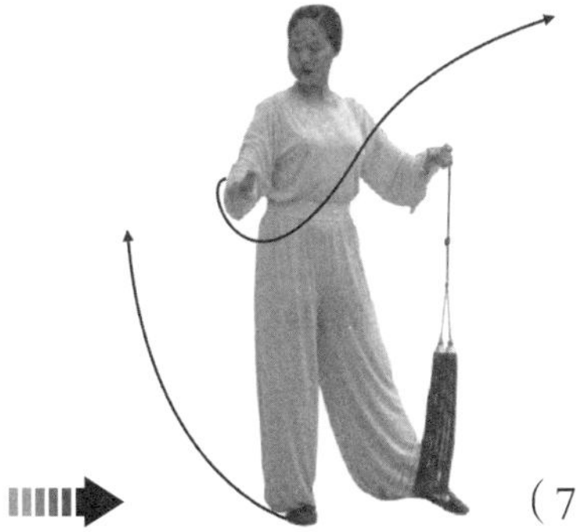

（7）

（8）

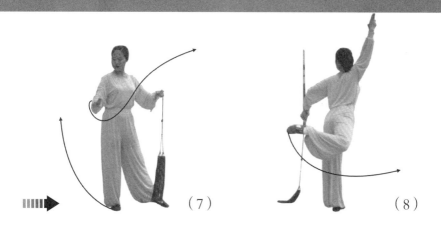

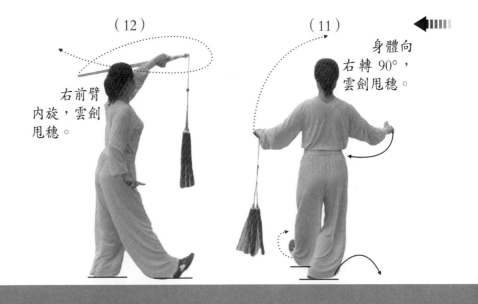

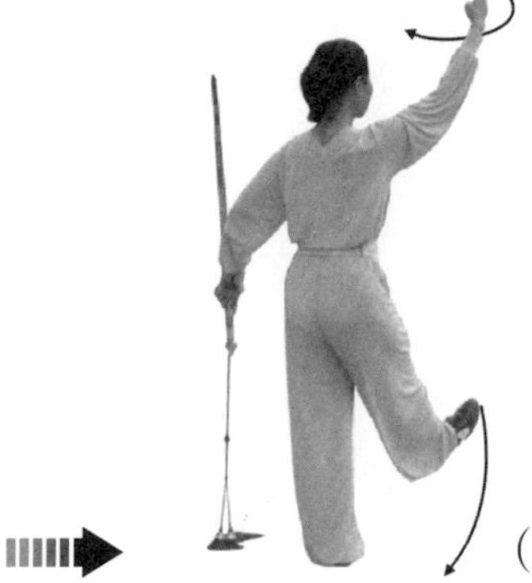

（9）

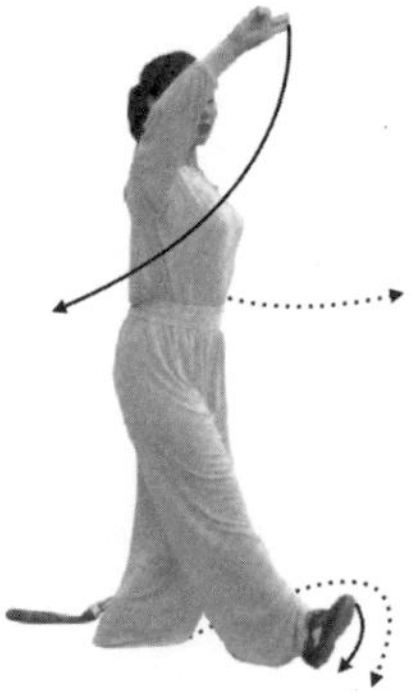

（10）

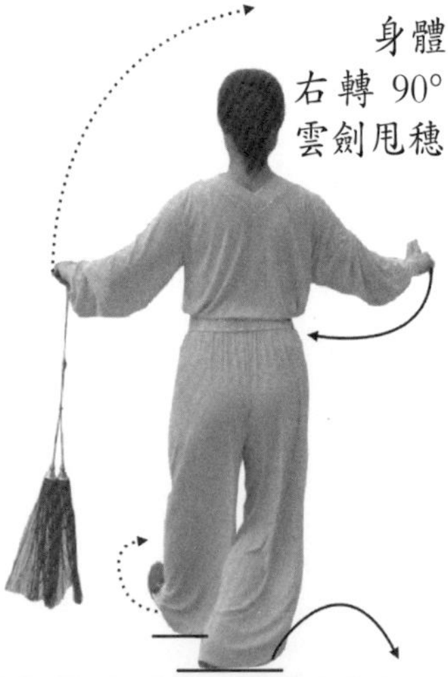

（11）

身體向右轉 90°，雲劍甩穗。

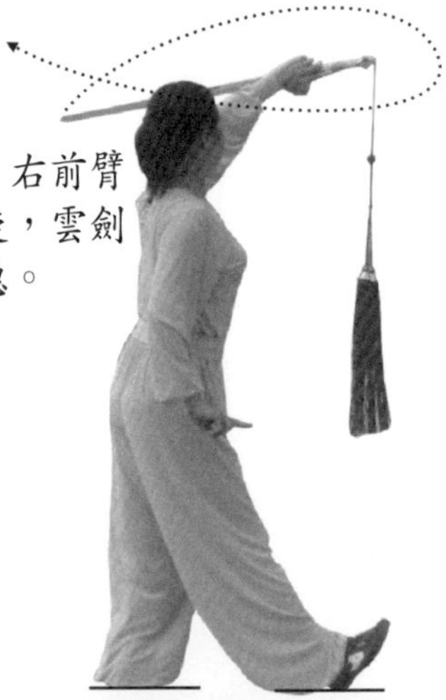

（12）

右前臂內旋，雲劍甩穗。

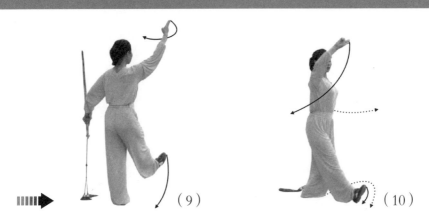

【四　勾踢行步雲劍】

勾踢腿落步與轉腰旋臂要同時完成，上步行步要走弧線，雲穗雲劍要平穩、柔緩、畫圓。

（9）

身體向右轉 90°，右臂內旋腕。

（10）

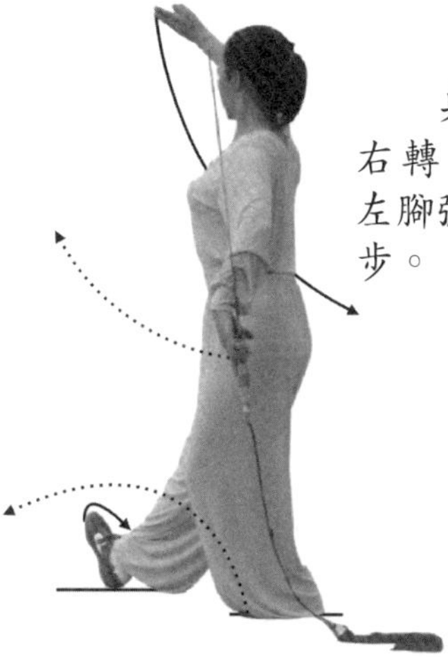

身體向右轉 45°，左腳弧形上步。

（11）

（12）

【五　弓步抱劍】

以腳掌為軸轉身抱劍要協調，眼視前方。

（15）

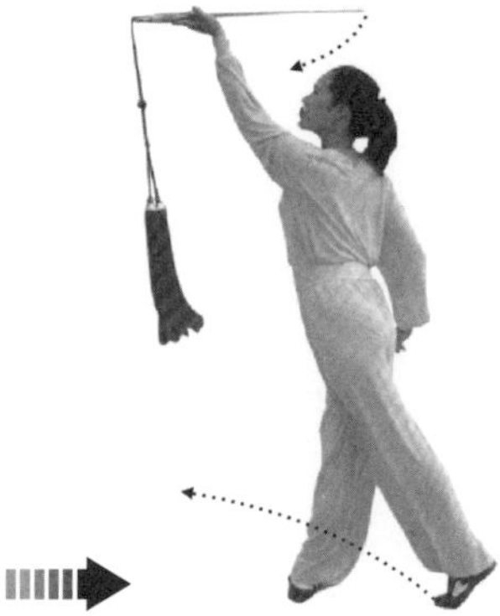

（13）

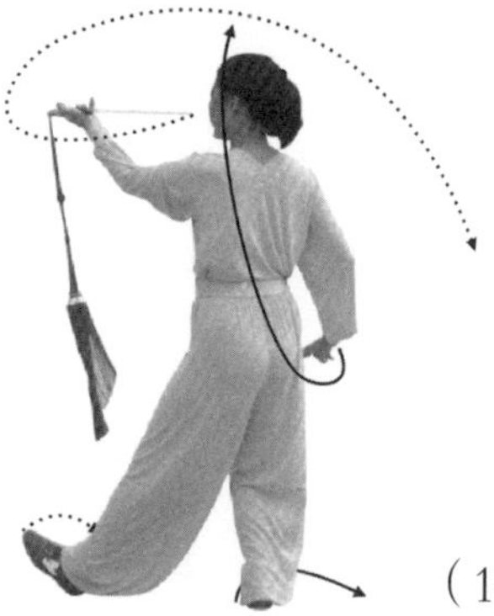

（14）

（13）

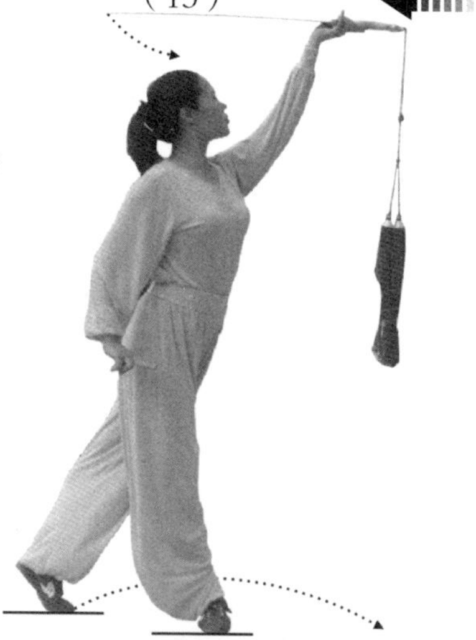

（14）

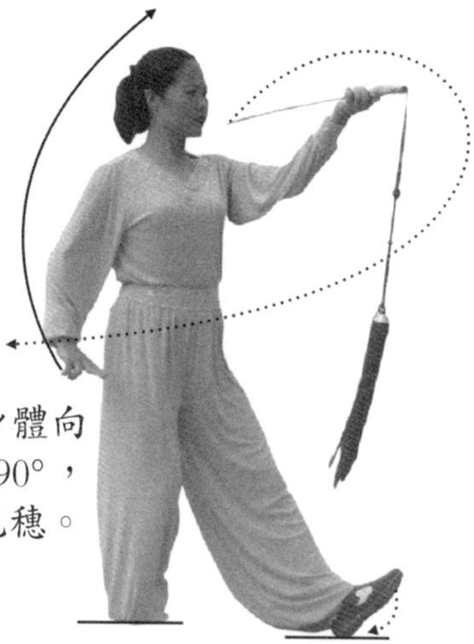

身體向右轉 90°，雲劍甩穗。

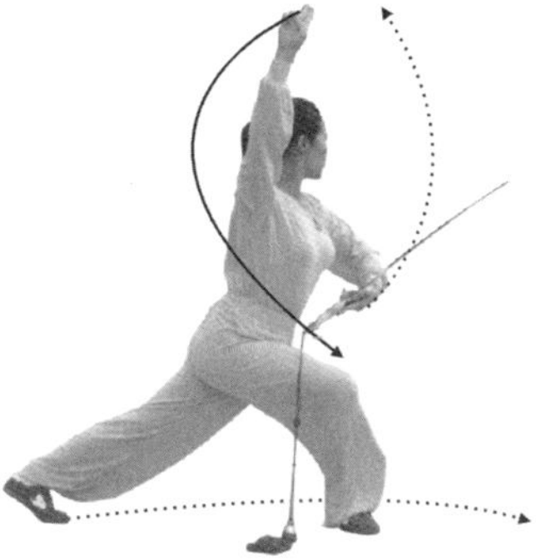

（15）

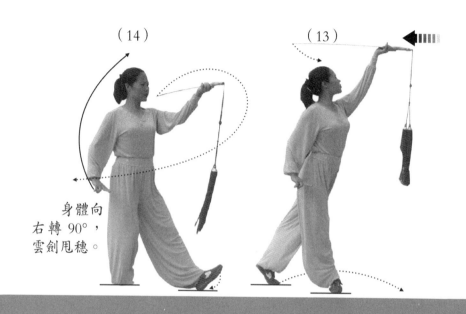

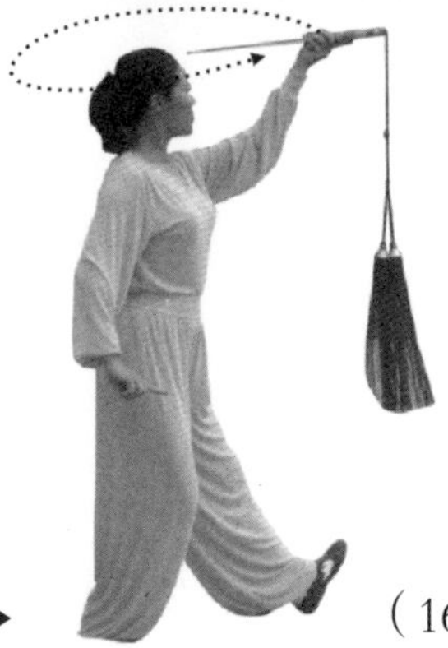

（16）

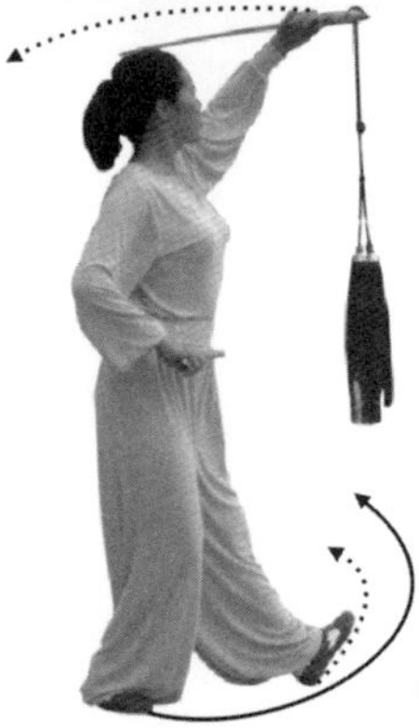

（17）

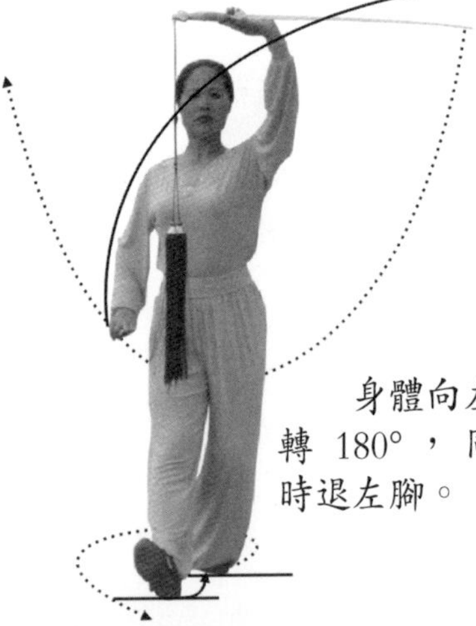

（18）

身體向左轉 180°，同時退左腳。

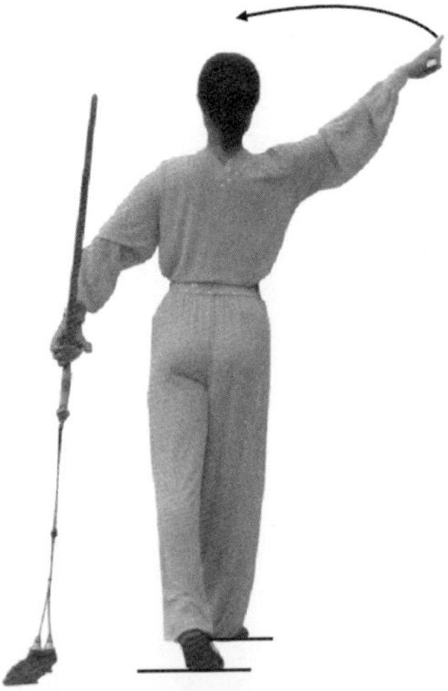

（19）

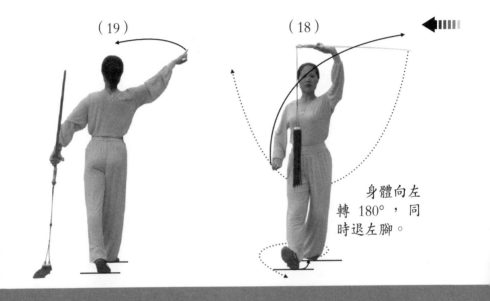

【六　歇步持劍架劍指】

上步轉身與雲穗帶劍一周要協調，下蹲與擺頭亮指配合完整。

(16)

左前臂旋外，雲劍甩穗。

(17)

身體向左轉 90°，雲劍甩穗。

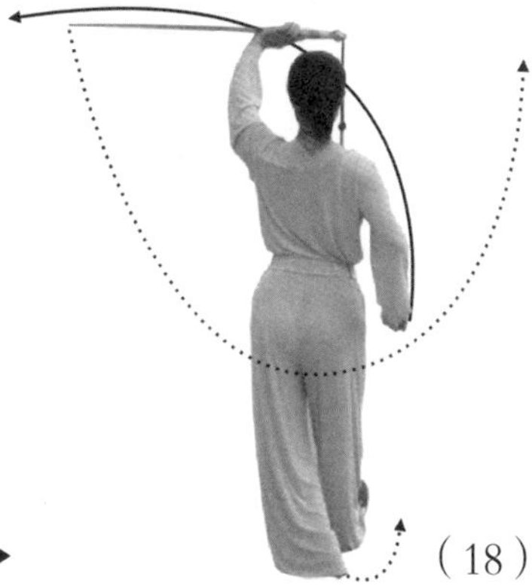

(18)

(19)

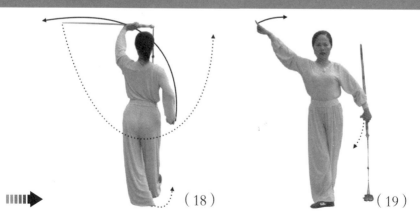

【七　叉步持劍穿指】

上步與轉身擰腰要整體配合，重心前移穿指要協調。

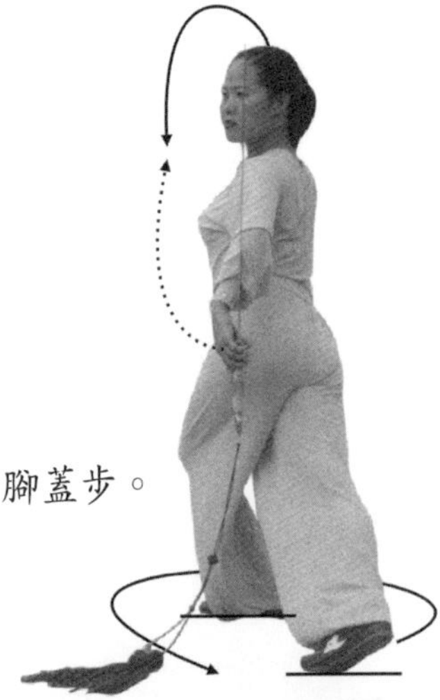

（22）

右腳蓋步。

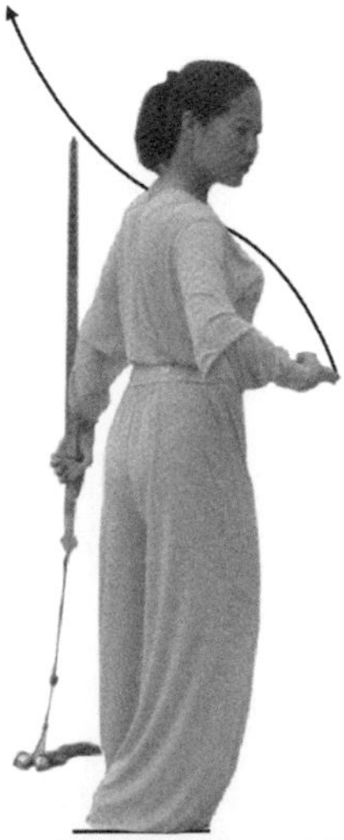

（21）

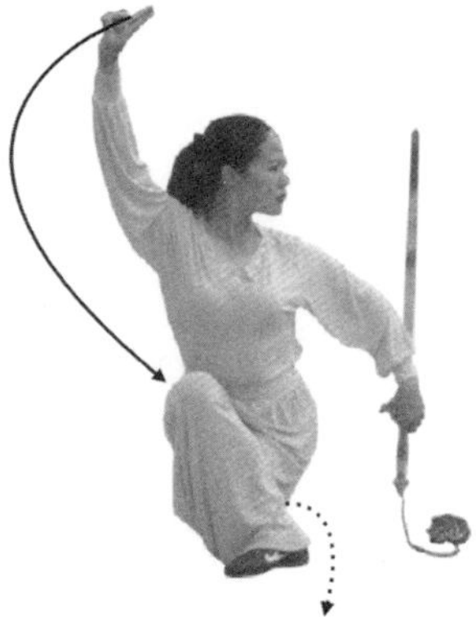

（20）

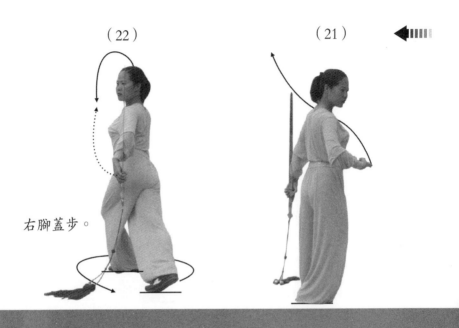

(20)

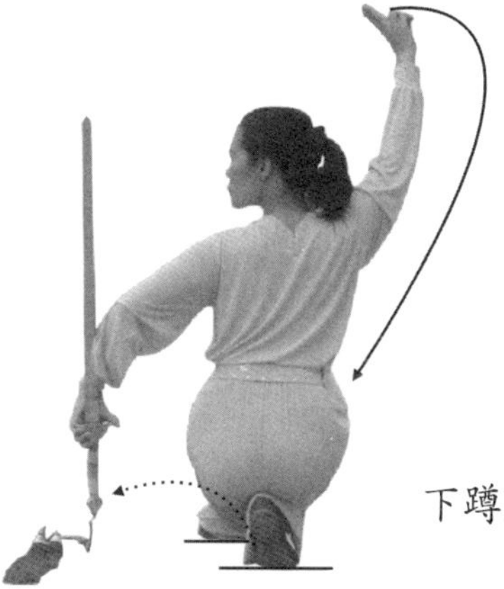

下蹲成歇步。

(21)

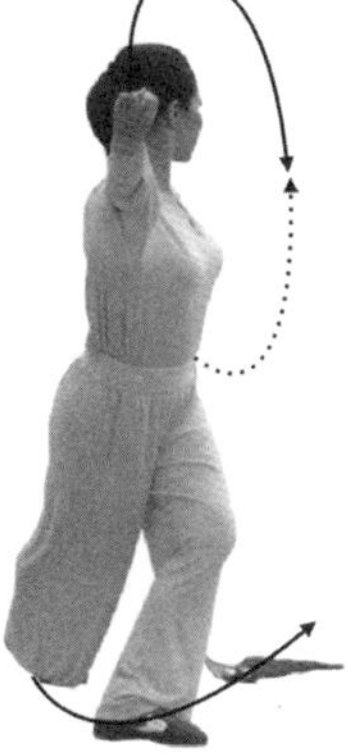

(22)

【九　後舉腿架劍】

上步與撩指協調配合，後舉腿架劍要立身，不可前俯。

（26）

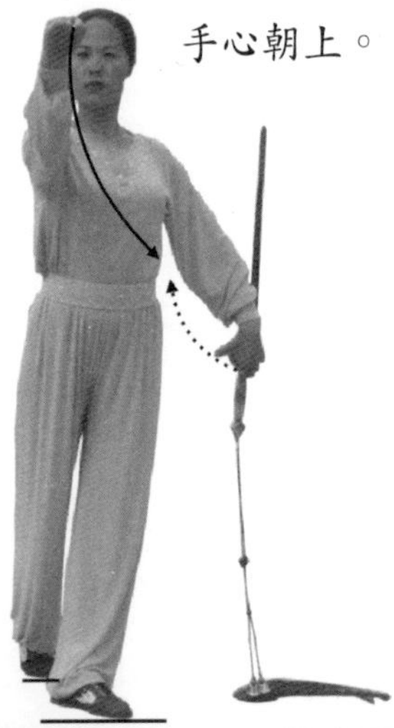

（25）

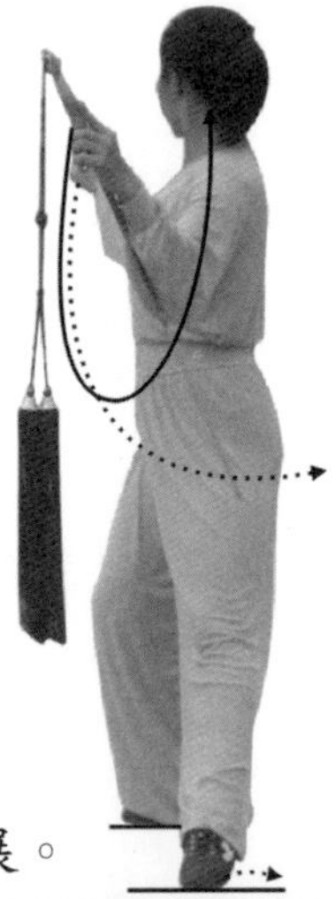

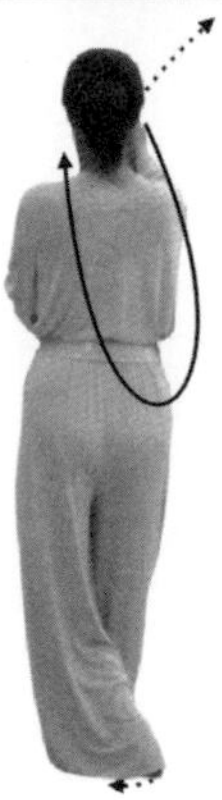

（23）

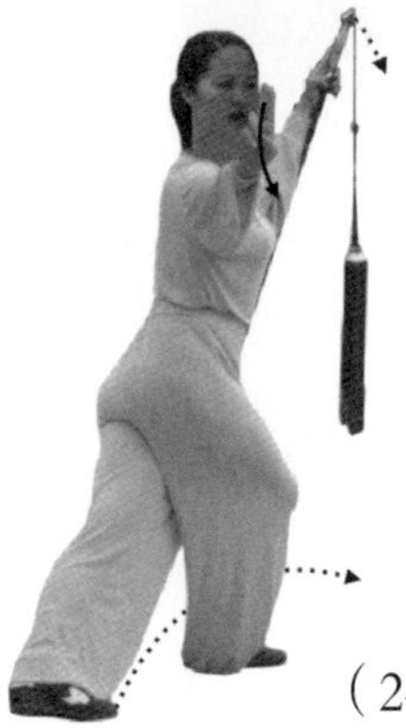

（24）

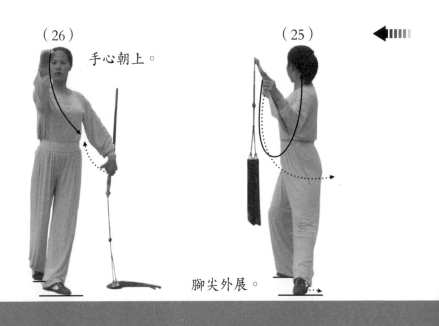

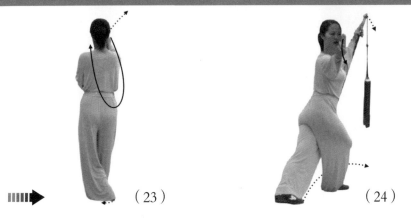

【八　叉步持劍挑指】

蓋步提劍與右劍指畫弧形動作要配合協調，叉步動作要擰腰、合胯、沉腕、挑指。

（23）

（24）

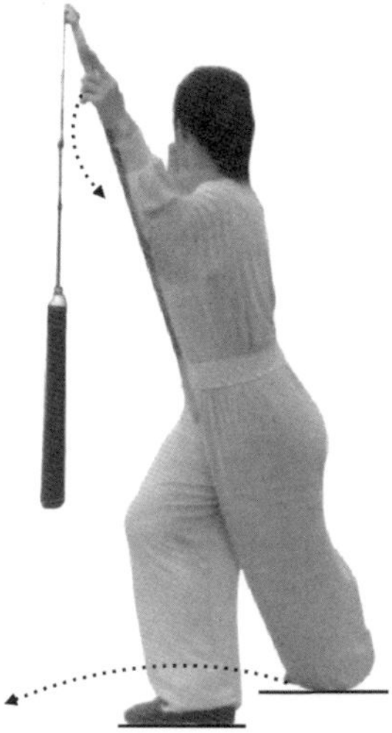

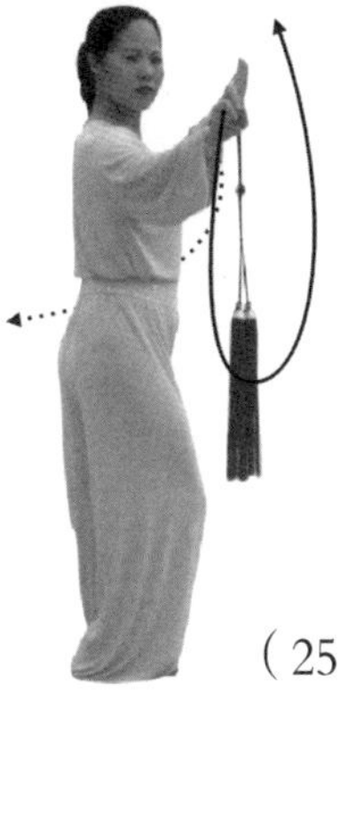

（25）

（26）

【十　插步下刺劍】

插步與下刺劍，劍指斜上指要整體配合完成，刺劍力達劍尖，眼視劍方向。

（31）　（30）

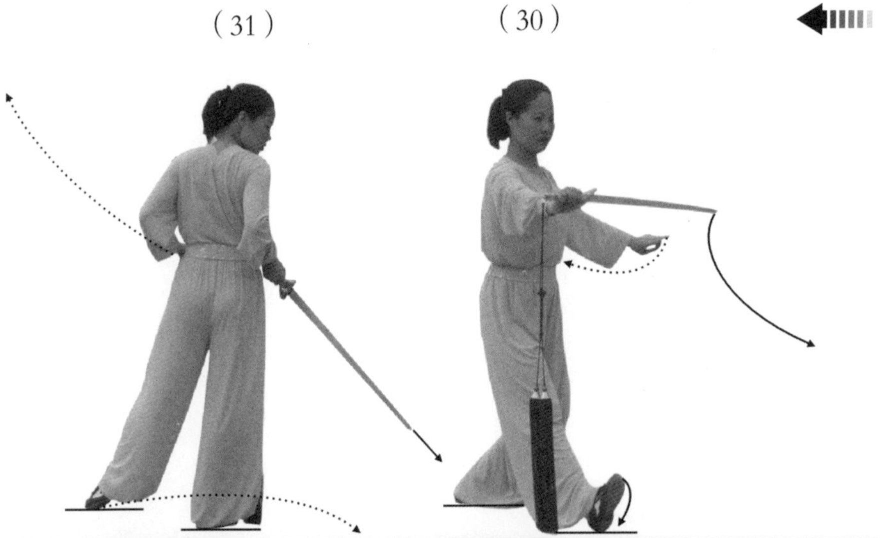

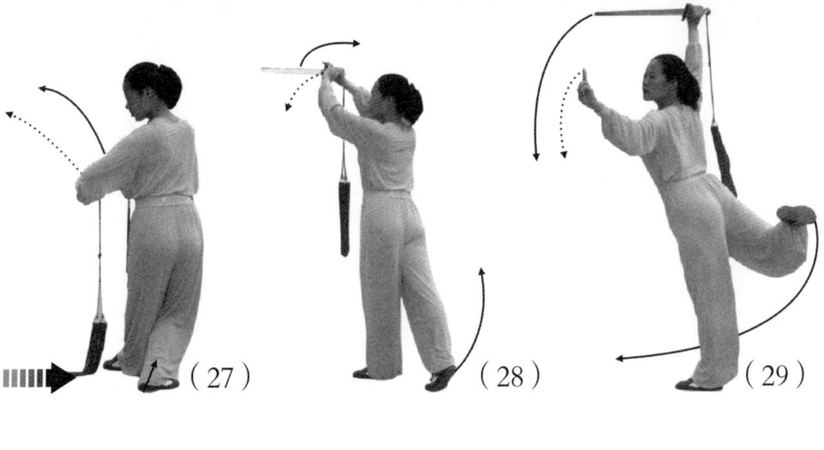

（27）　（28）　（29）

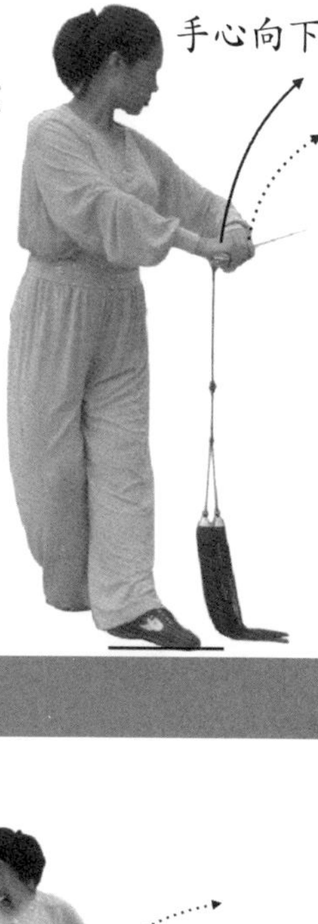

(27)

手心向下。

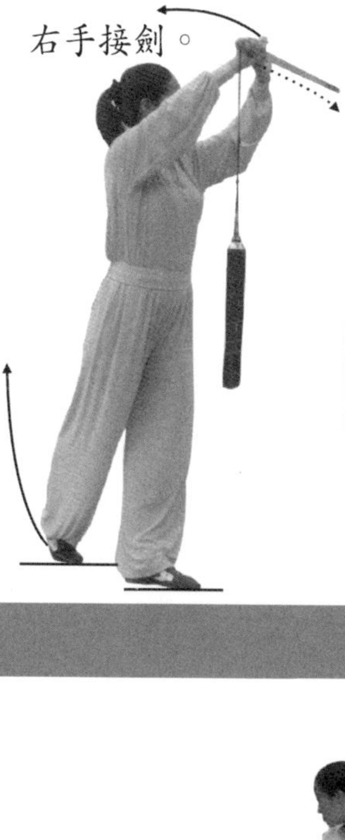

(28)

右手接劍。

(29)

立指。

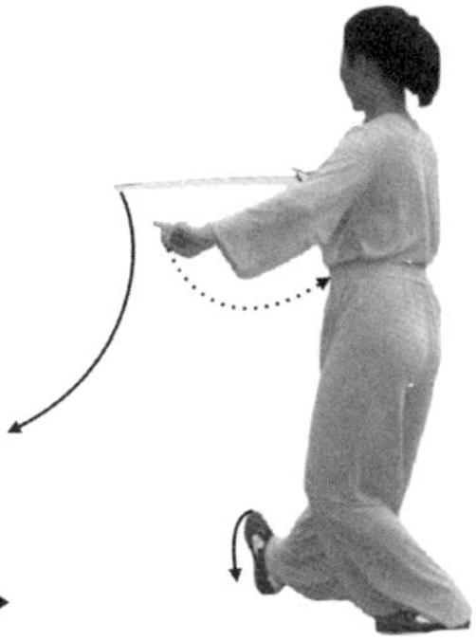

(30)

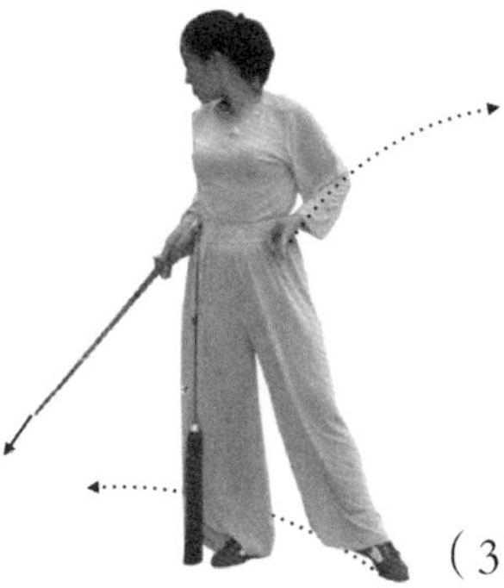

(31)

【十一　迎面甩穗】

以腕帶穗，使劍穗在體前甩動一圈，腕關節要放鬆、靈活、自如。

（34）

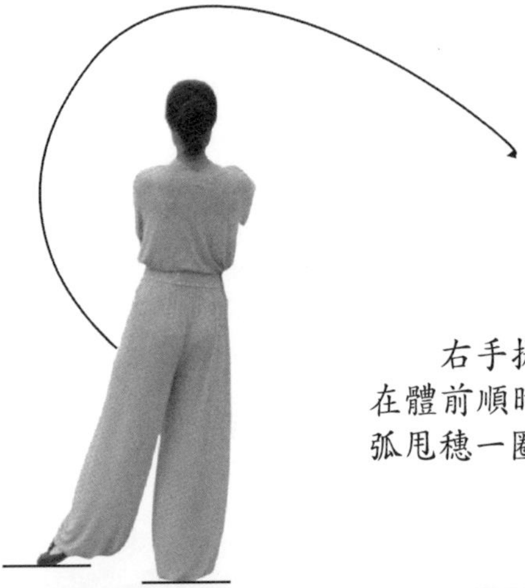

（33）

右手提劍把在體前順時針畫弧甩穗一圈。

（32）

(32)

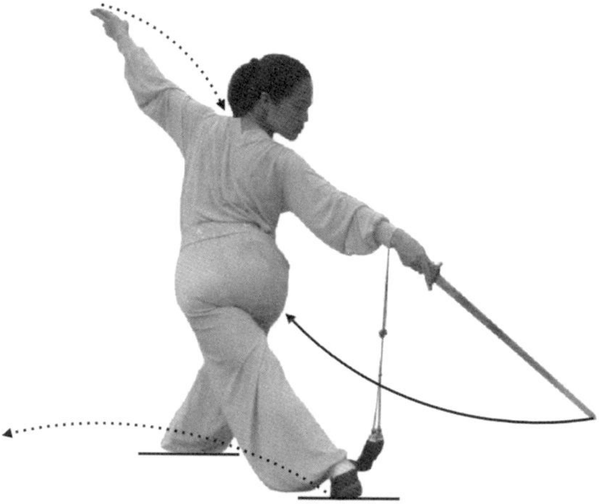

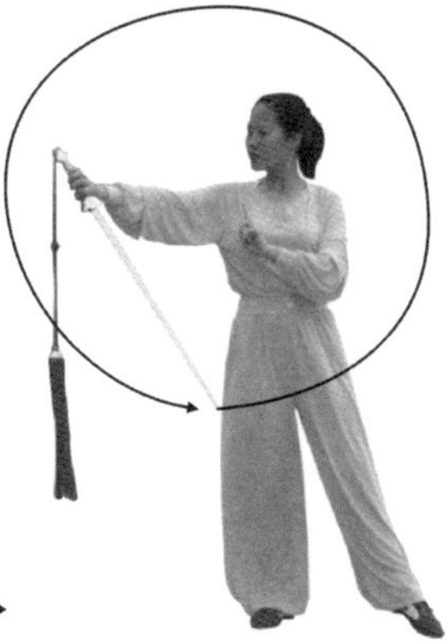

(33)

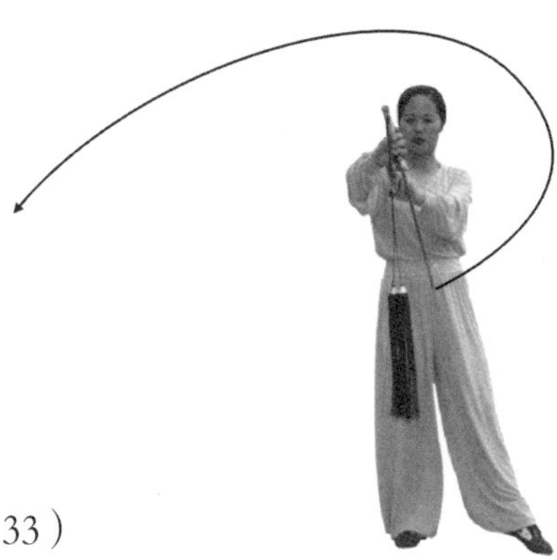

(34)

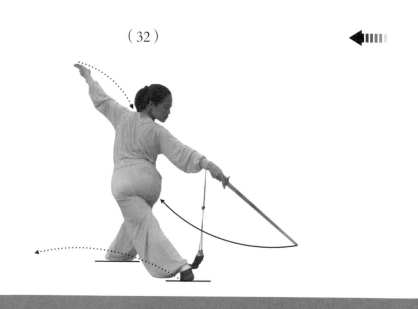

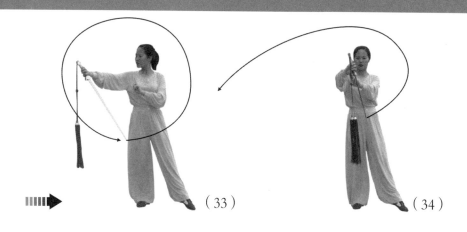

（37）

右臂內旋，向右斜上方斬劍，手心向下。

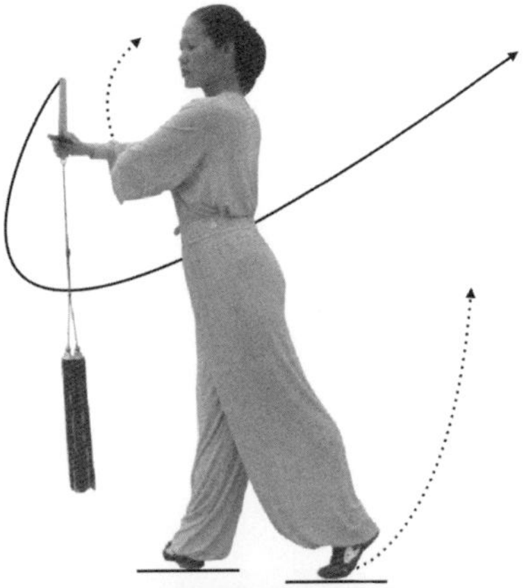

（38）

右臂外旋，向體前平斬劍。

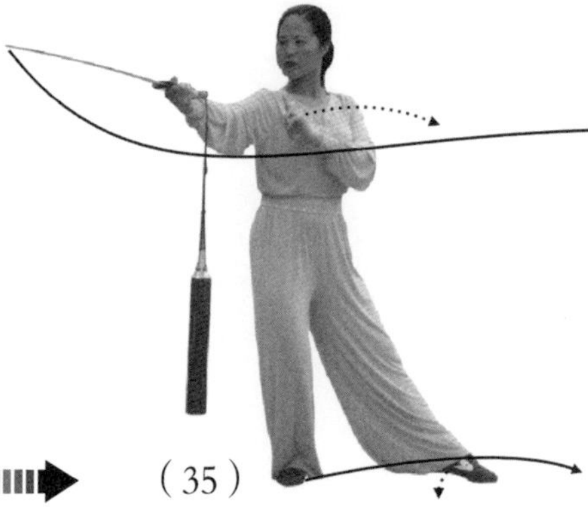

（35）

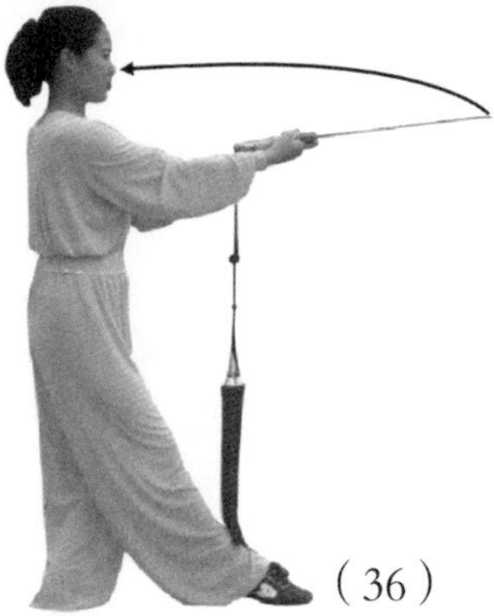

（36）

【十二　望月平衡】

平斬劍與轉腰動作要配合協調，望月平衡要擰身，支撐腿要直立，眼視劍方向。

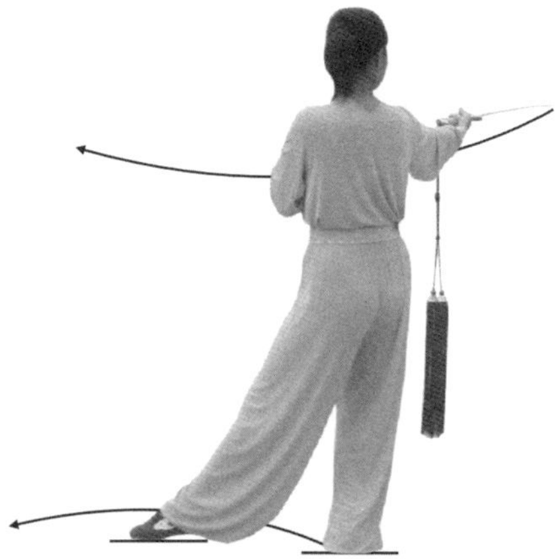
（35）

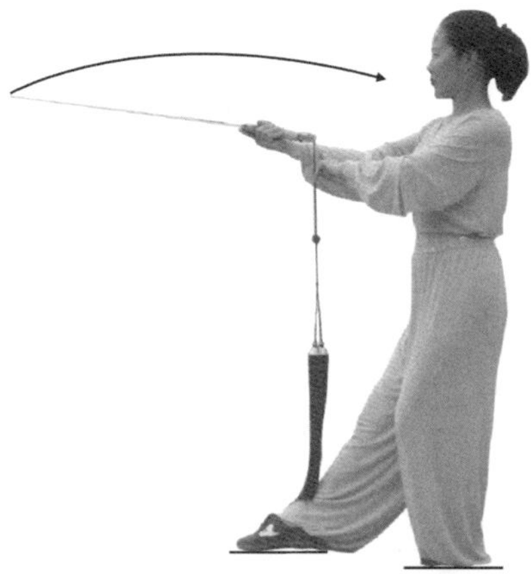
（36）

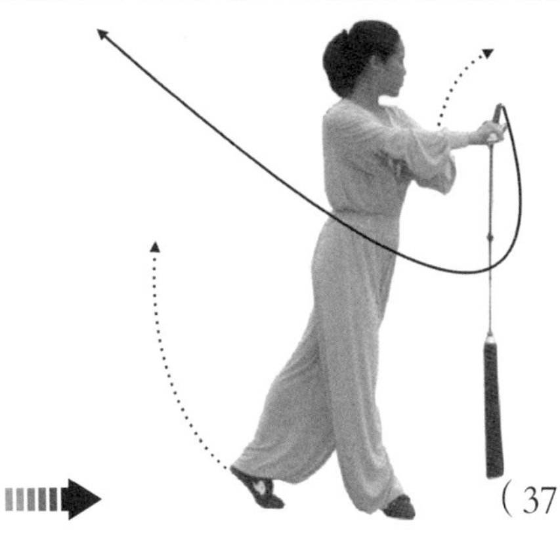
（37）

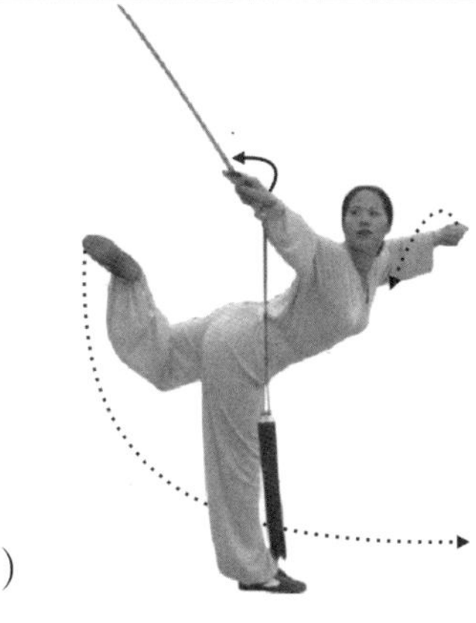
（38）

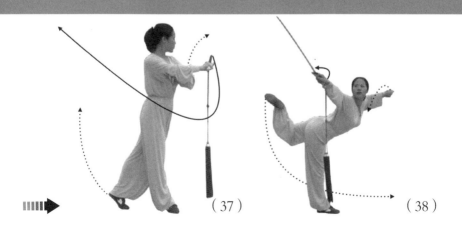

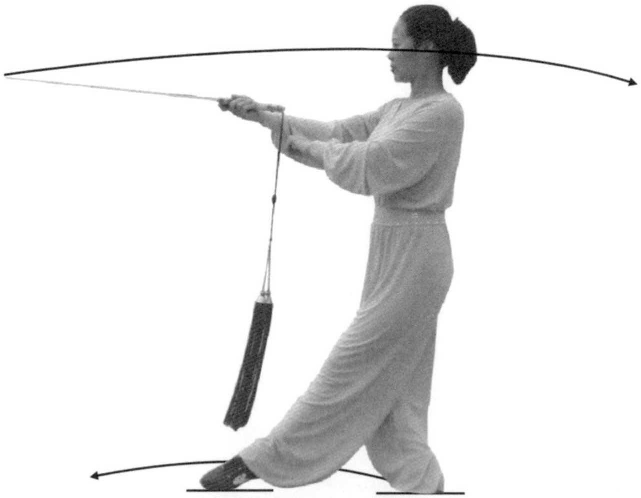

(40)

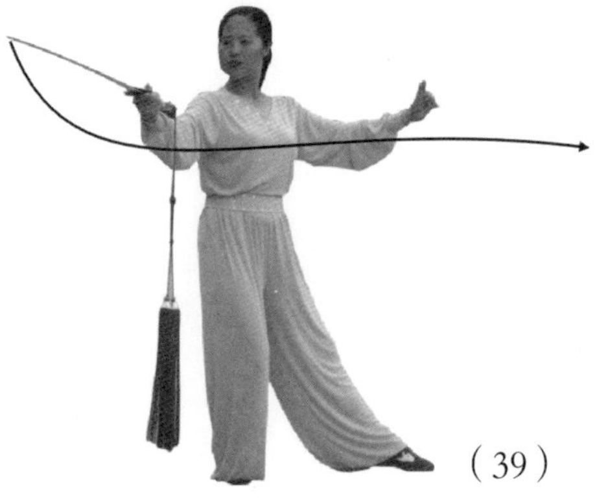

(39)

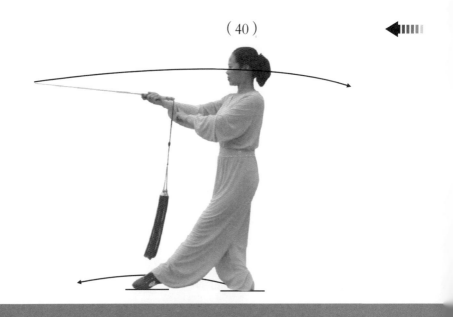

【十三　虛步平斬】

平斬劍時，劍身與臂成一直線，力達劍刃前部，眼隨劍走。

（39）

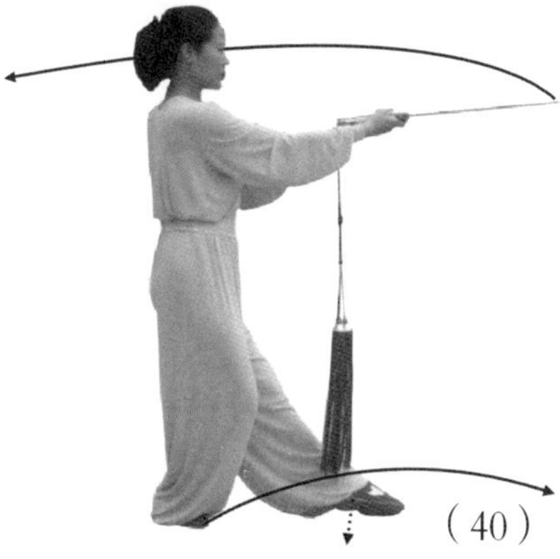

（40）

右手心向外。

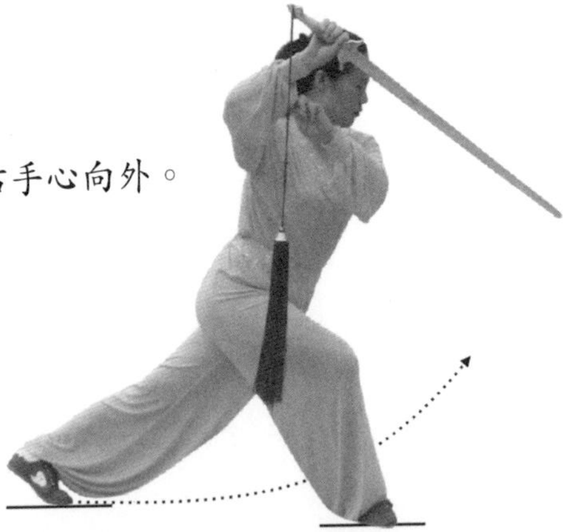

（43）

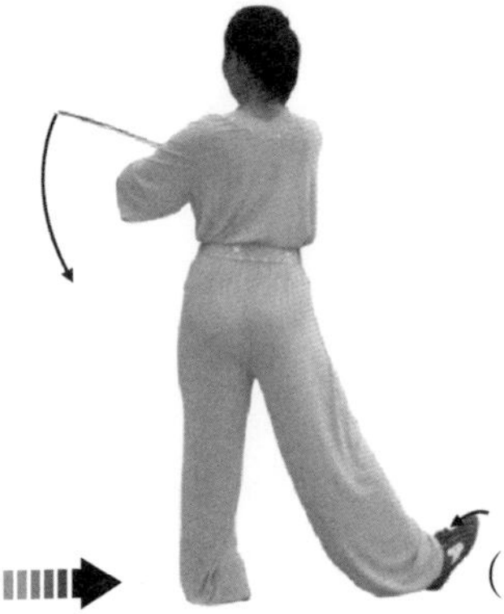

（41）

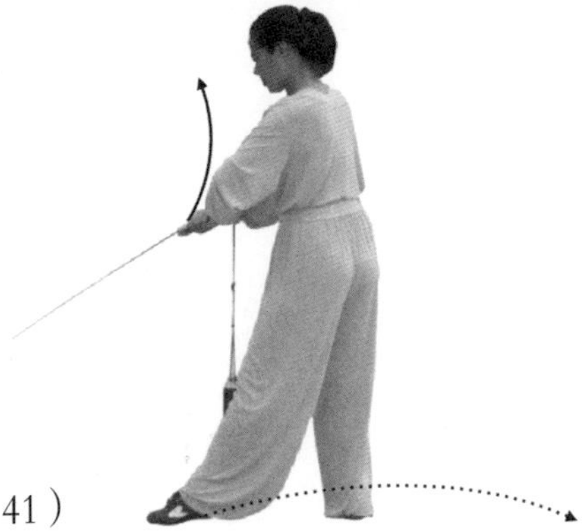

（42）

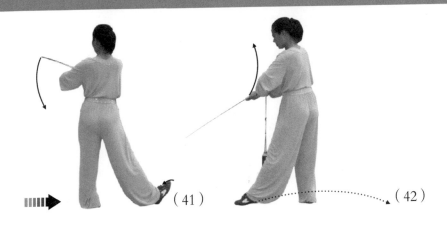

【十四　插步提劍】

上步轉體與左平帶劍，動作緩慢，插步與提劍要同時完成，眼視劍尖。

（41）

（42）

劍把向右斜方提劍。

（43）

【十五　蹬腳行步穿劍】

蹬腳要勾腳尖，高於胸，穿劍與勾踢動作要同時完成，行步動作要平穩，不可上下起伏。

（44）

左腿先屈膝提起，然後再上踢。

（45）

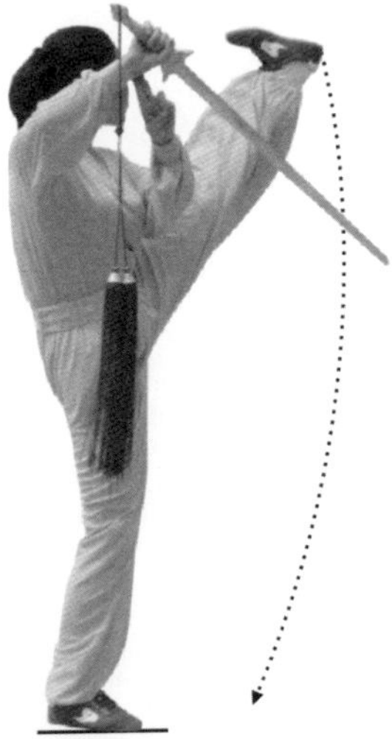

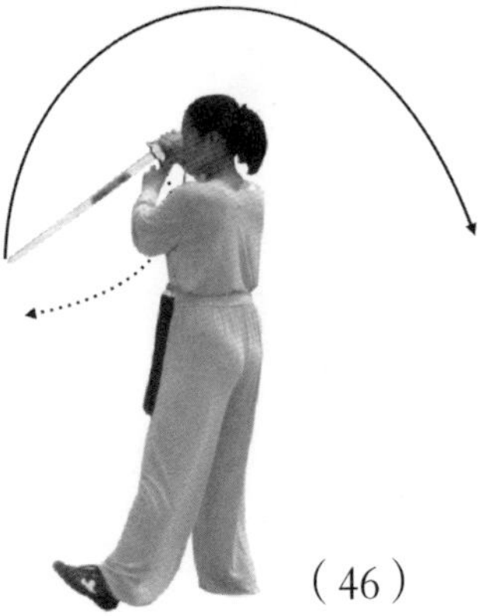

（46）

(46)

上體不可後仰、聳肩，兩腿不可屈膝。

(45)

(44)

（47）

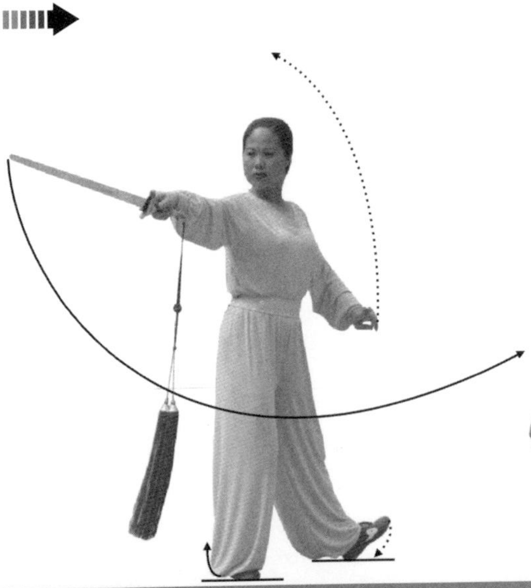

（48）

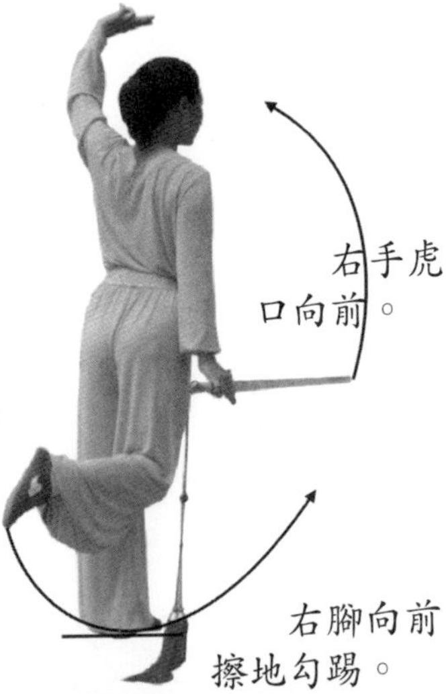
右手虎
口向前。
右腳向前
擦地勾踢。

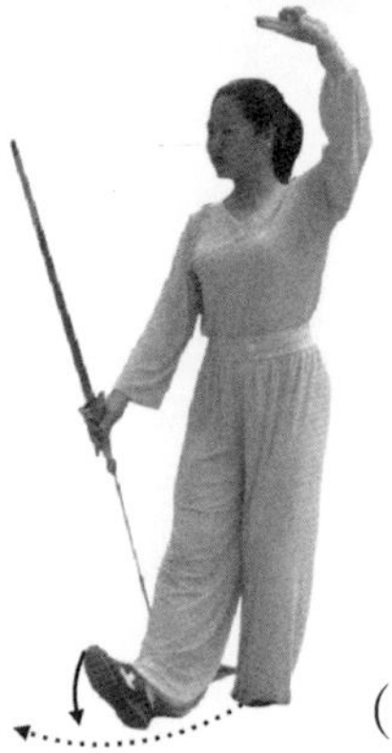

（50）

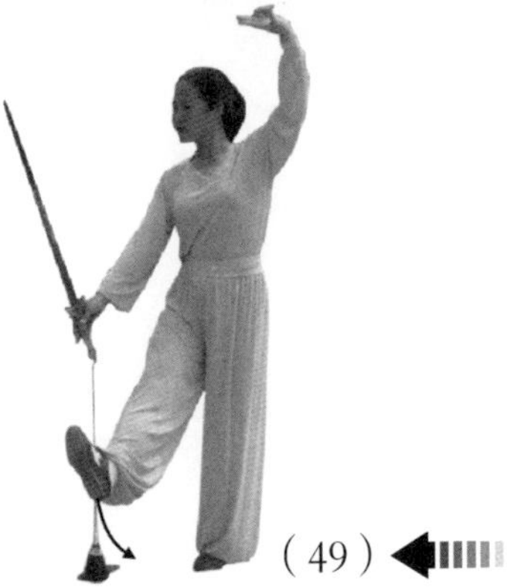

（49）

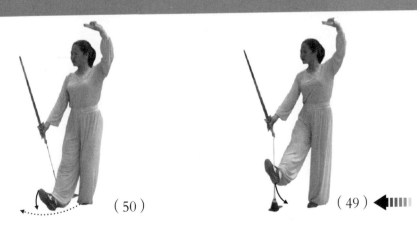

(49)

(50)

(48)

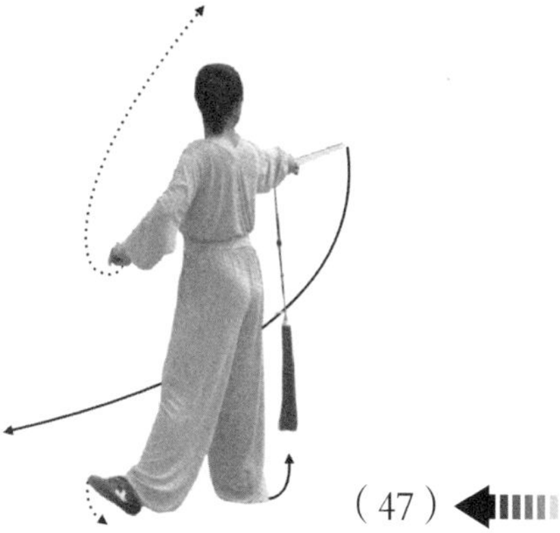
(47)

(51)

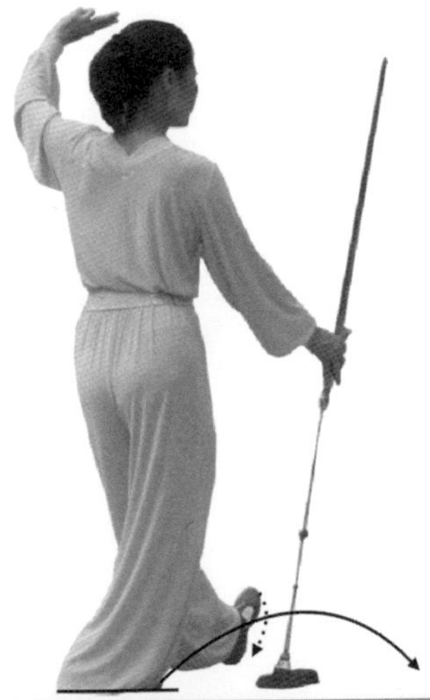

(52)

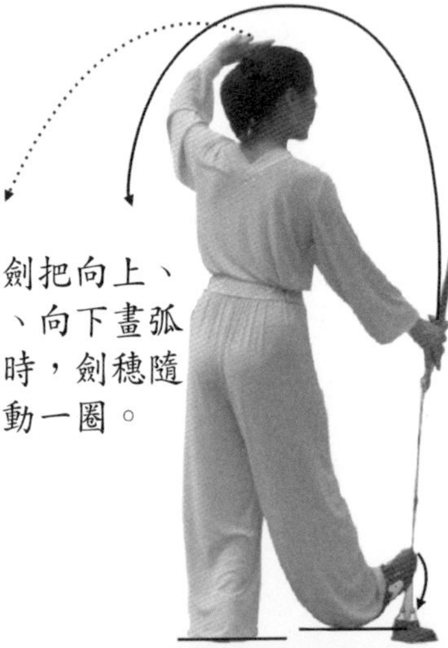

劍把向上、向左、向下畫弧的同時，劍穗隨之甩動一圈。

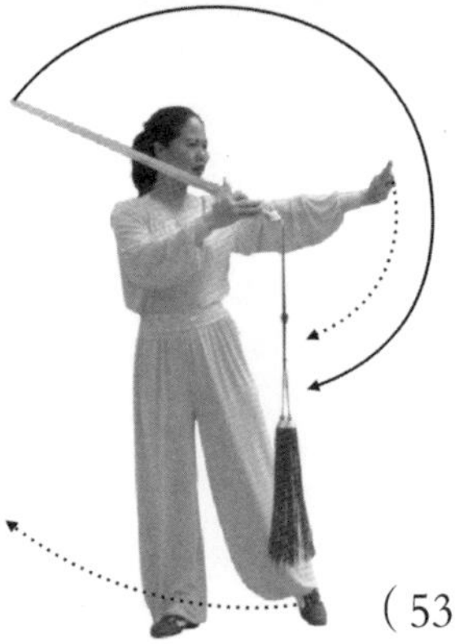

(53)

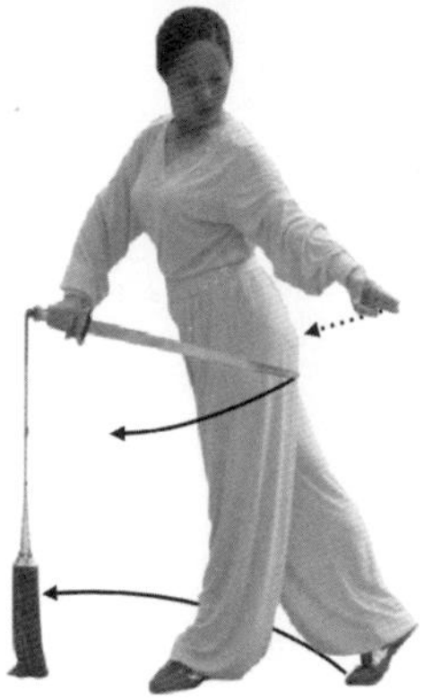

(54)

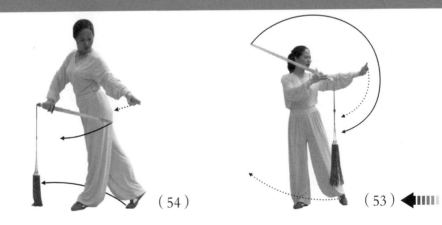

【十六　行步撩劍】

以腰帶臂甩動劍穗，行步與撩劍動作要協調配合，整個動作要輕鬆自如，眼隨劍走。

（53）

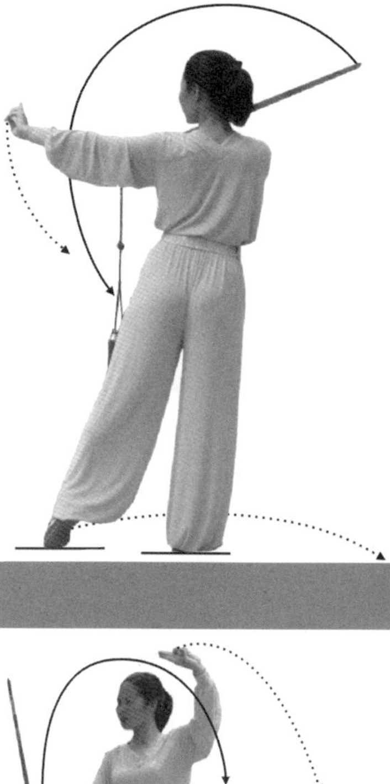

（54）

（52）

（51）

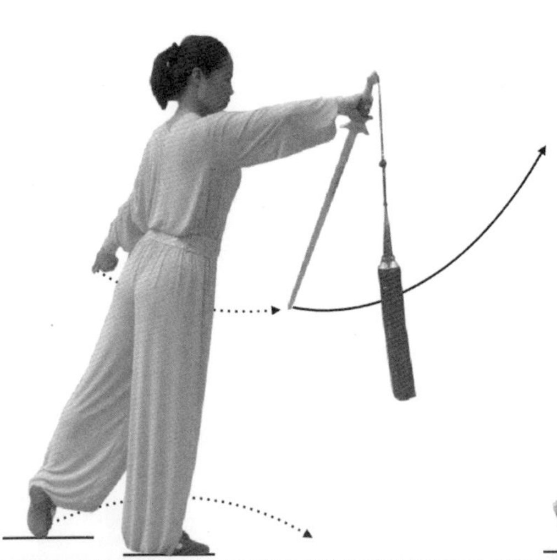

（55）

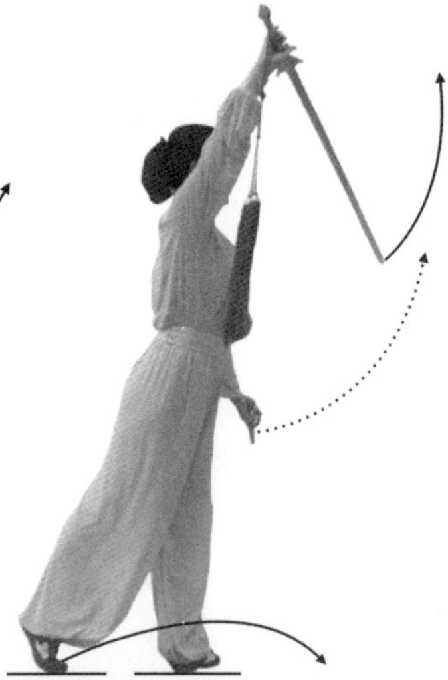

（56）

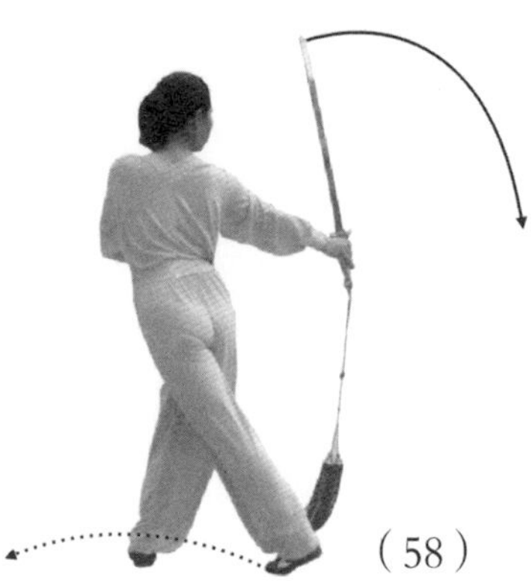

（58）

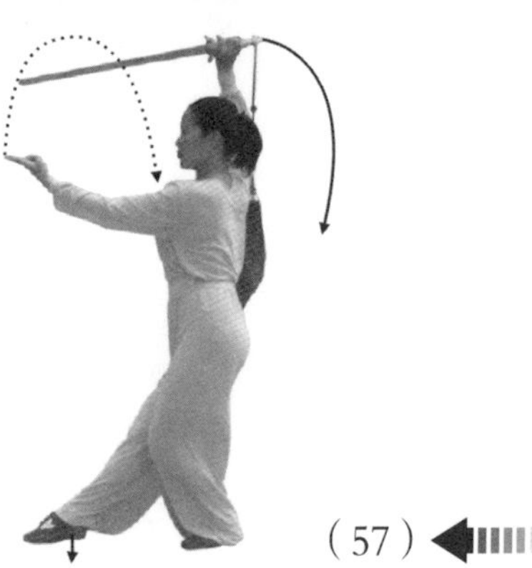

（57）

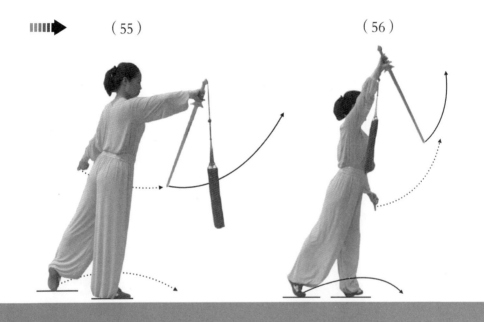

【十七　弓步撩劍】

重心前移成弓步撩劍動作要同時完成，撩劍幅度要大。

(57)

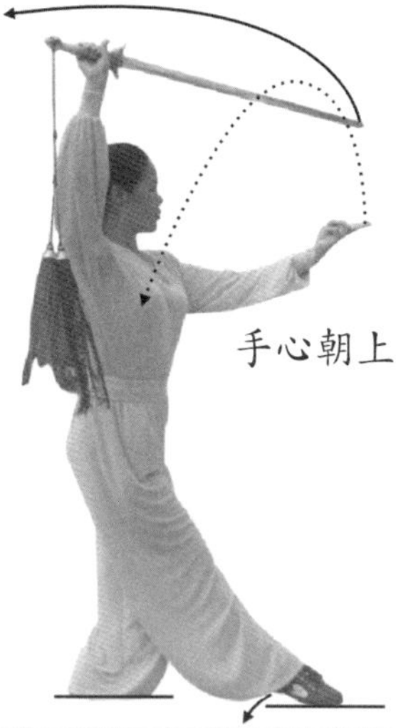

(58)

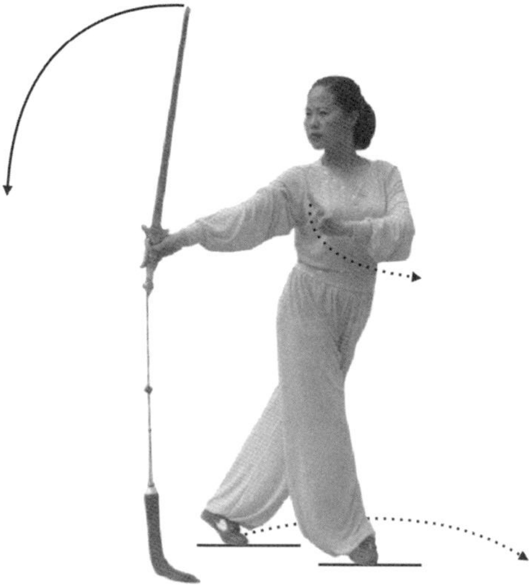

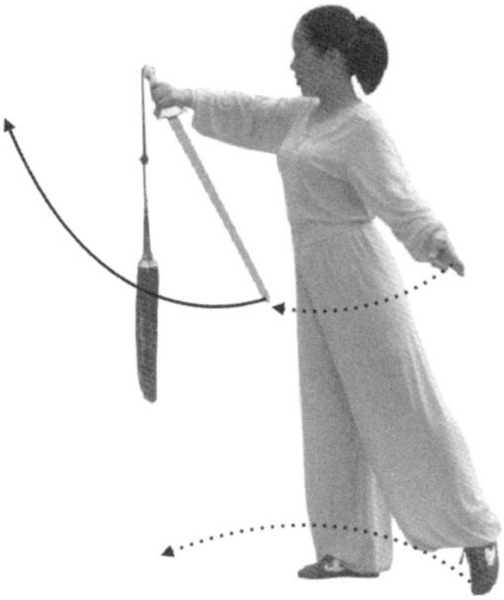

(55)

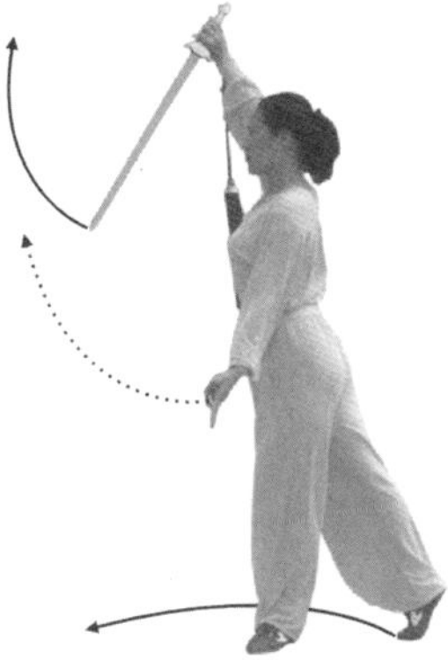

(56)

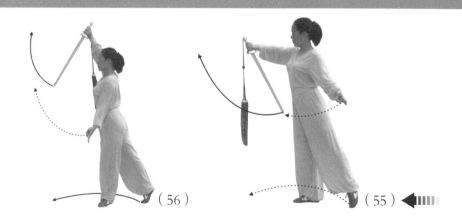

（59）

錯誤喲！

不可弓腰、撅臀。

（60）

(60)

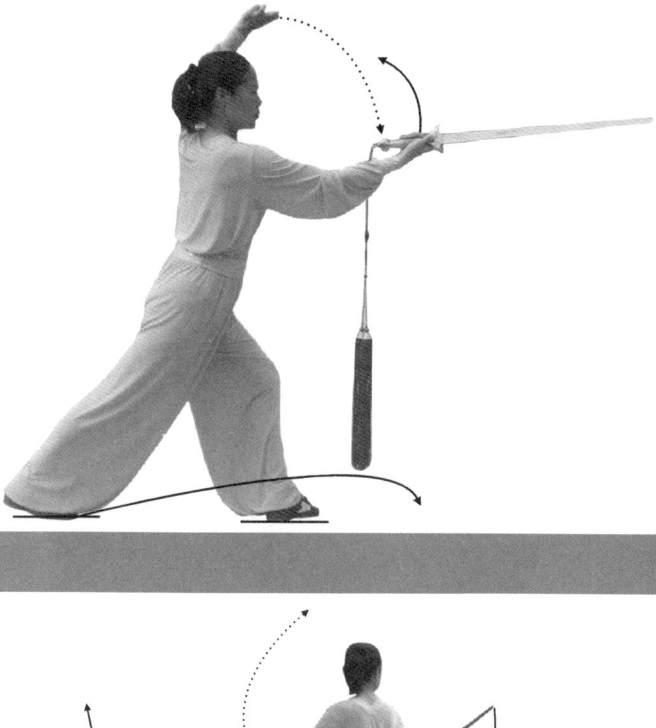

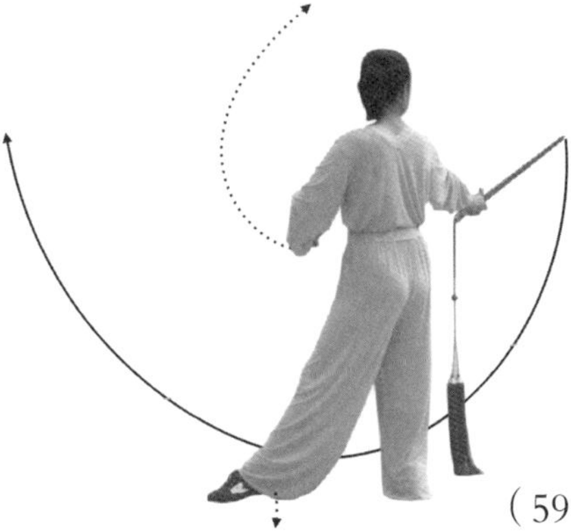

(59)

【十八　轉身插步斜上斬劍】

以腰帶臂，劍向左平擺，後插步與右平斬劍，架劍指要同時完成，右擰腰，身體微側傾，眼視劍尖。

（61）

右手心向上。

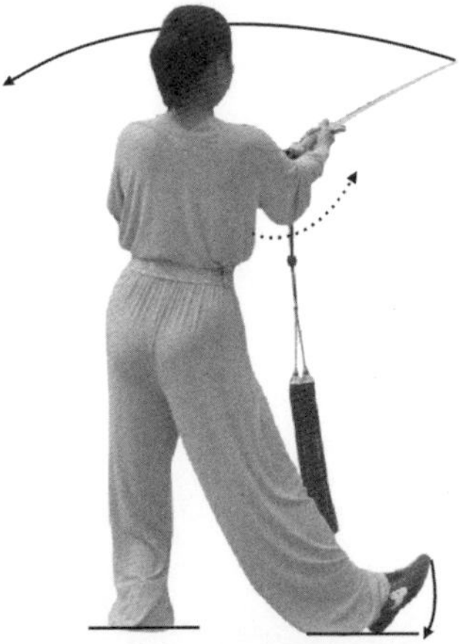

（62）

右手心向下。

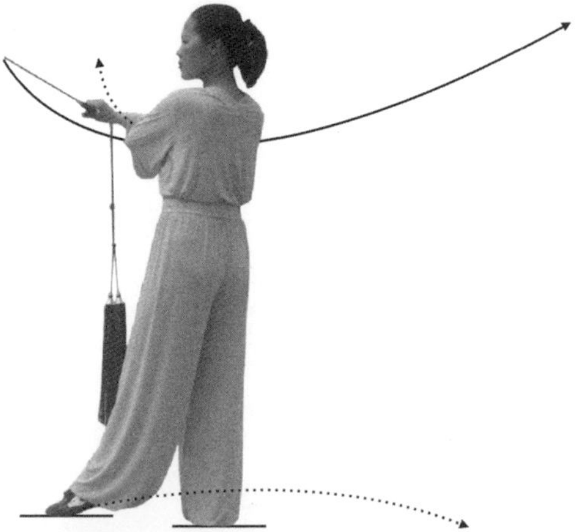

（63）

（64）

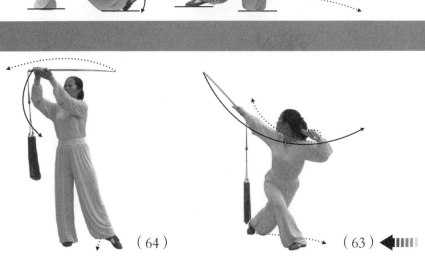

【十九　上步接劍】

上步接劍，腰微右擰。

(63)

(64)

左手心朝上接劍，身體向左轉 45°，雲劍甩穗。

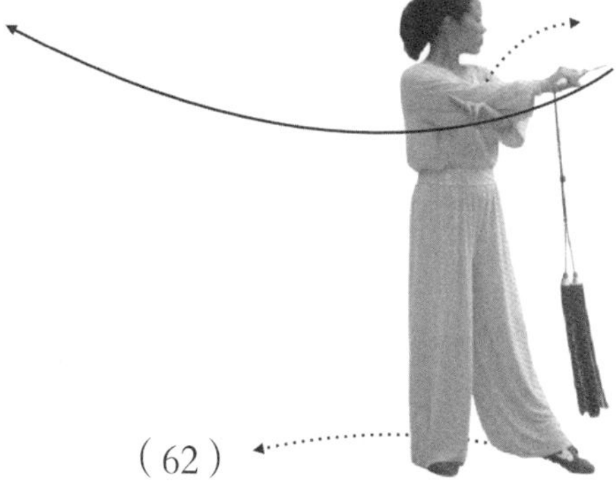

(62)

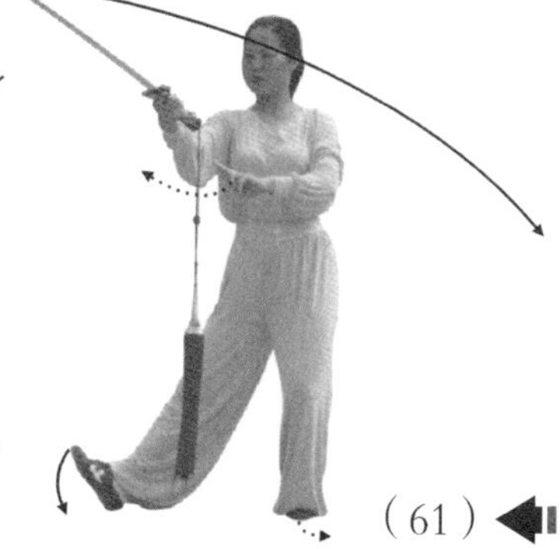

(61)

【二十　雲劍坐蓮持劍】

轉體上步雲劍要協調配合，坐蓮步與畫弧亮指要同時完成，膝蓋不可著地。

（65）

（66）

左手心向上，繼續雲劍。

（67）

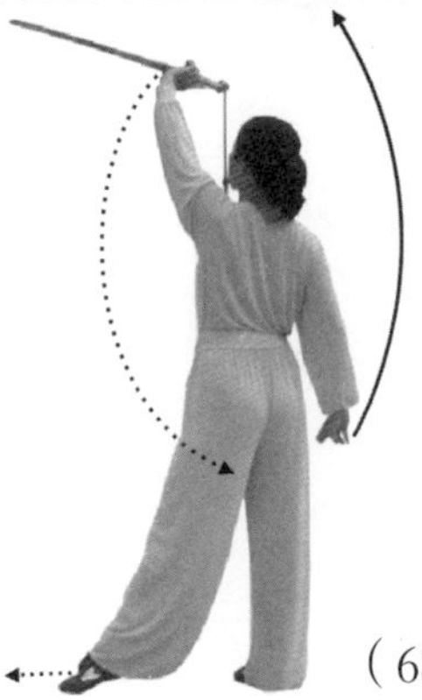

（68）

（67）

左手心朝上，
繼續雲劍甩劍。

（68）

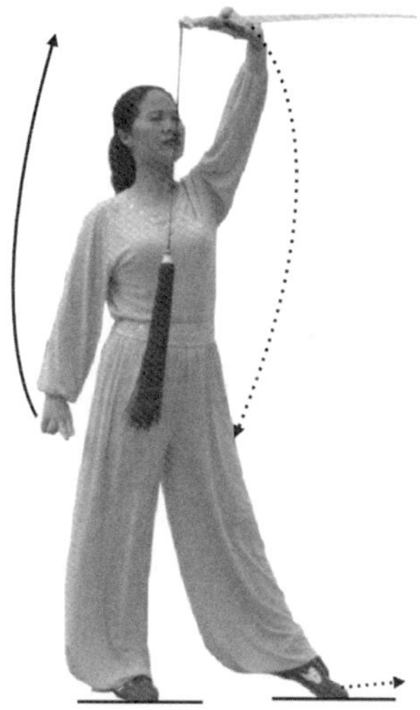

（66）

（65）

（69）

左手心向後。

（70）

錯誤喲！

兩膝內側未貼緊，膝蓋未伸直。

（71）

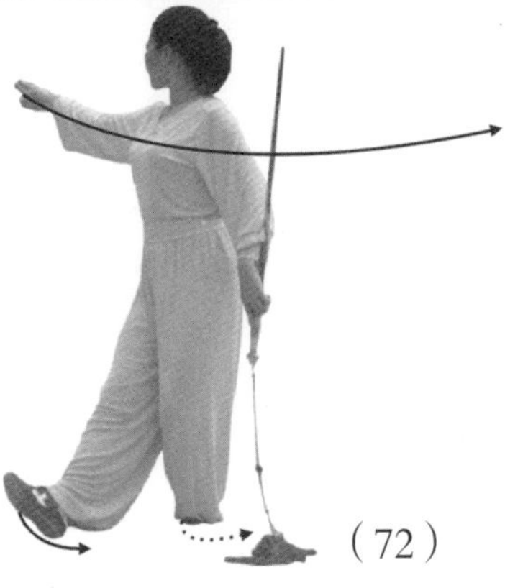

（72）

【二十一　叉步持劍亮指】

右臂隨身體立起向左平擺、扣腳，插步與沉腕、亮劍指、擺頭、身體右擰要同時完成。

（71）

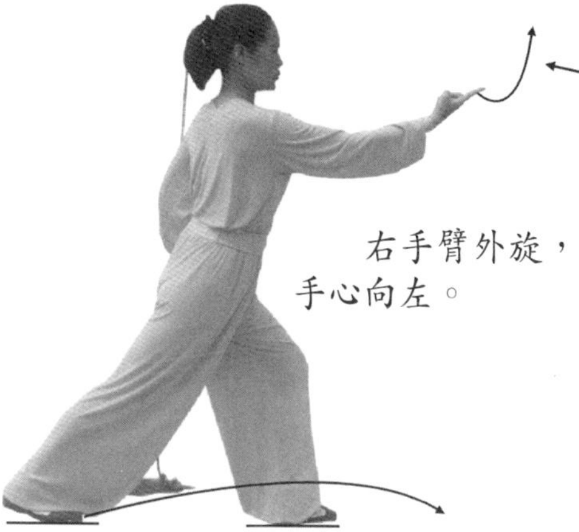
右手臂外旋，
手心向左。

（72）

身體向左轉
180°..

（70）

（69）

(73)

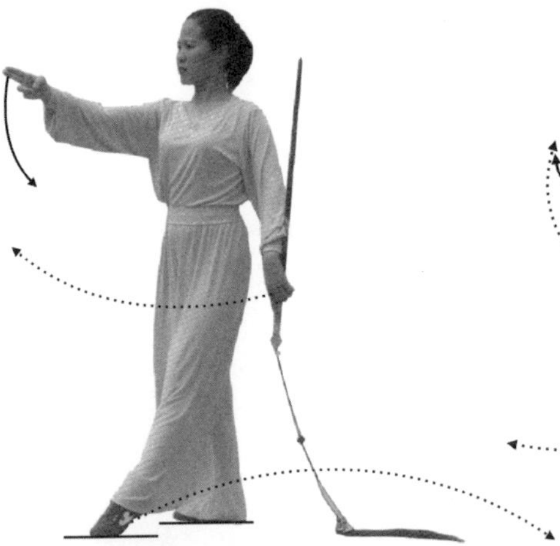

(74)

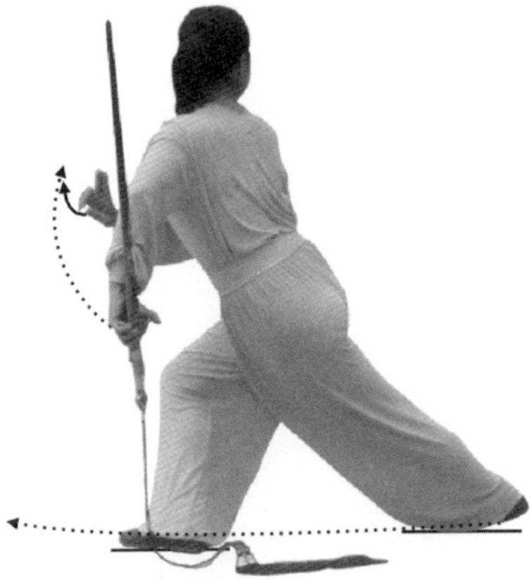

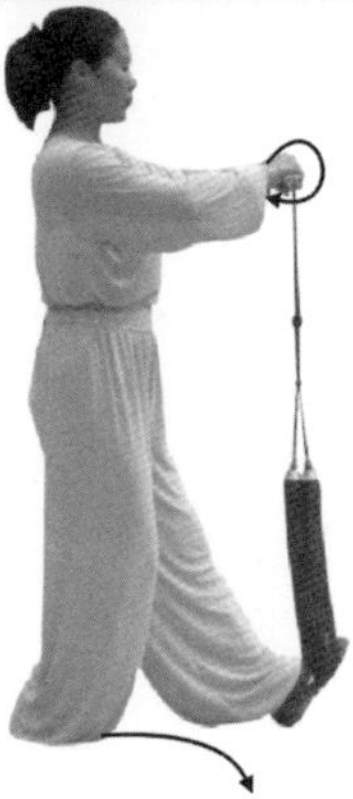

(75)

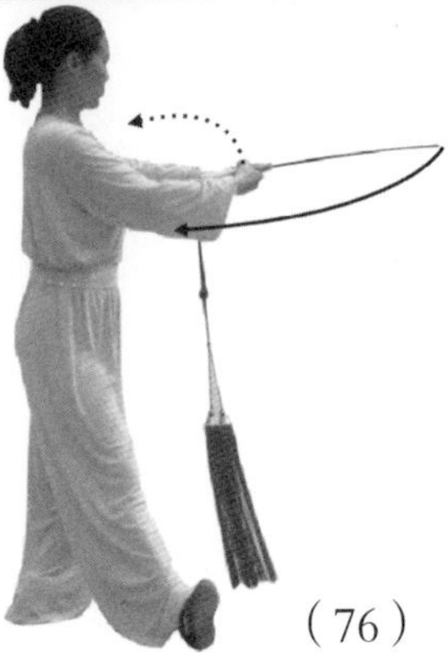

(76)

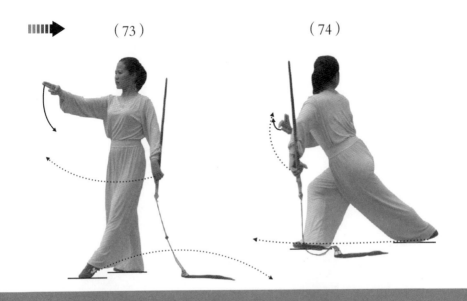

【二十二　後舉腿架劍】

蓋步旋臂和畫弧甩穗要協調完成，甩穗時劍要走立圓。

（75）

上步右手接劍。

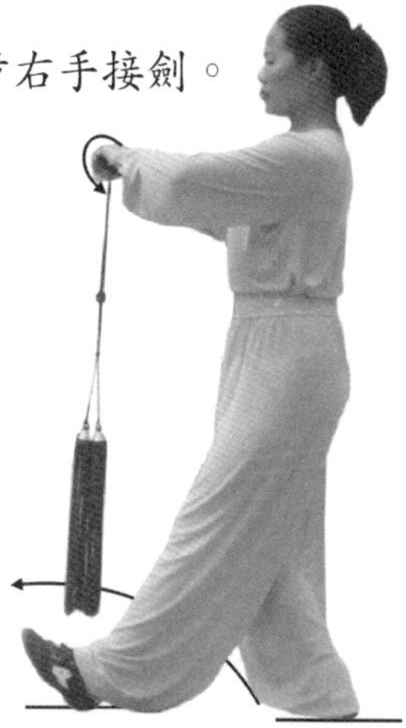

（76）

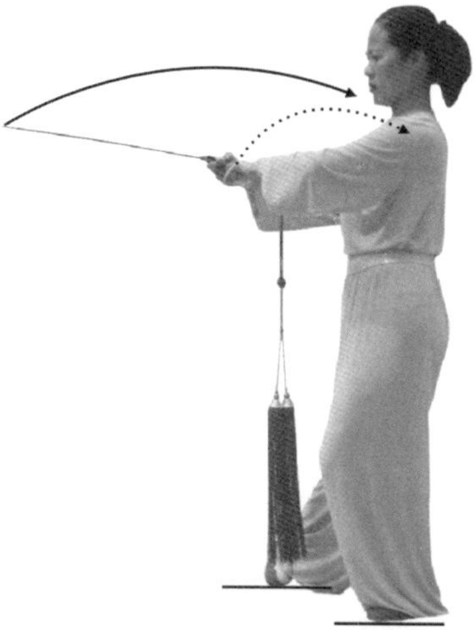

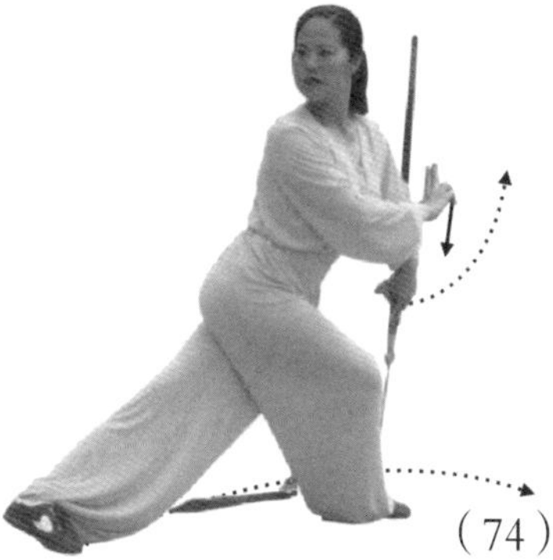

（74）

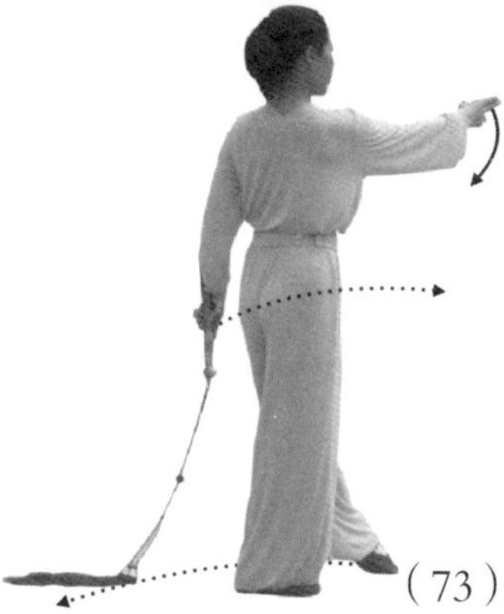

（73）

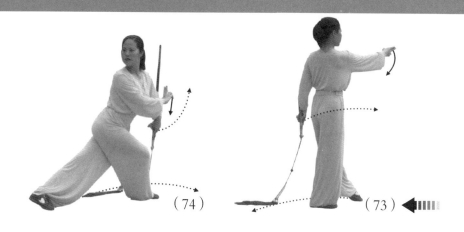

(77)

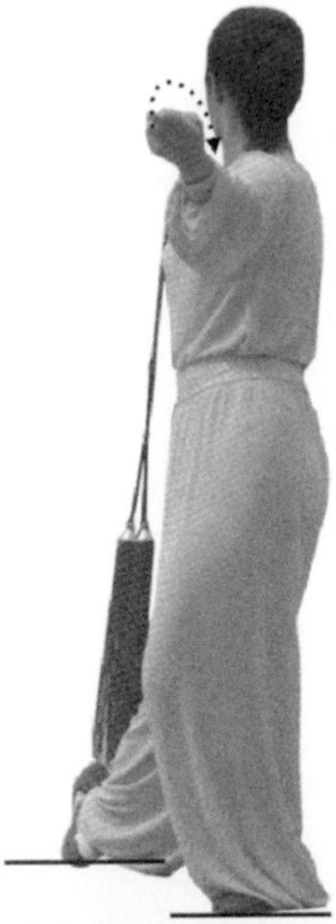

(78)

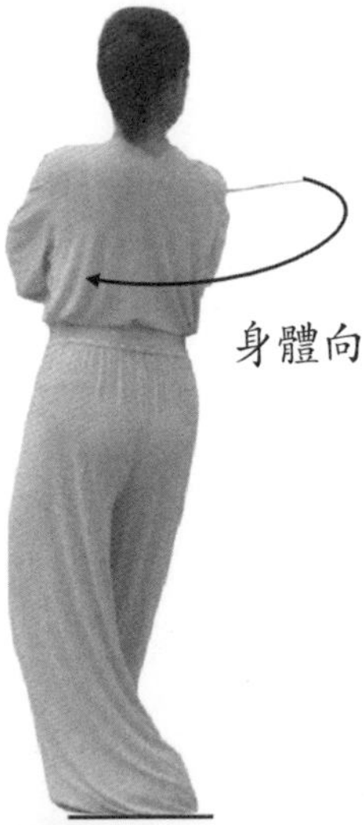

身體向右轉 180°.

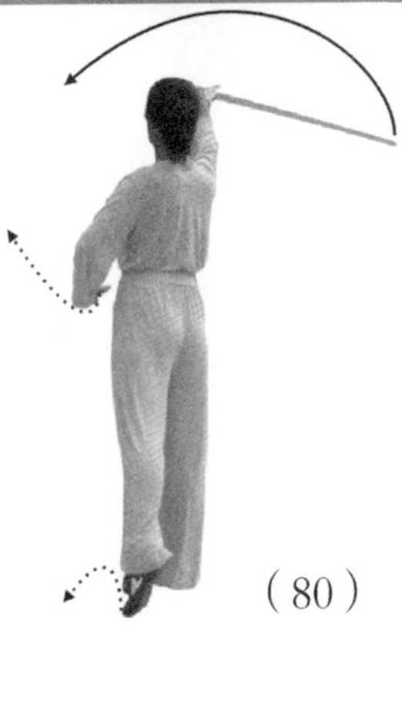

(80)

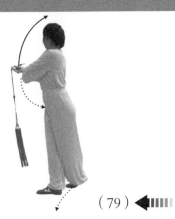

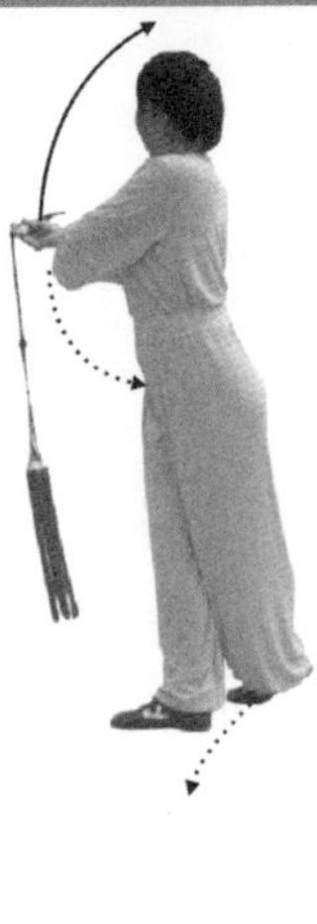

(79)

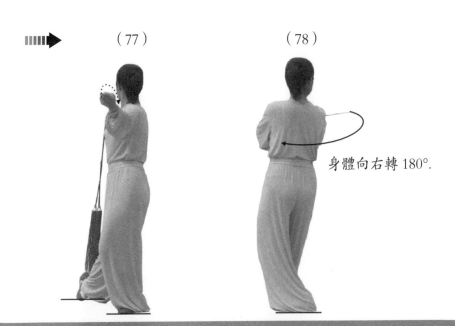

（79）

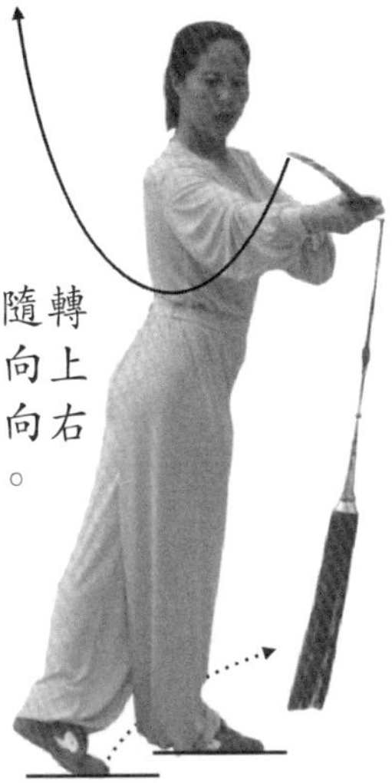

右手隨轉體向右、向上畫弧，劍向右上方甩穗。

（80）

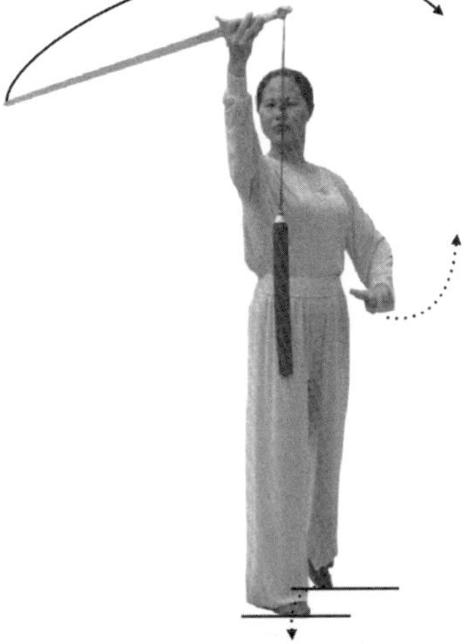

（78）

（77）

（81）

右手虎口朝上。

（82）

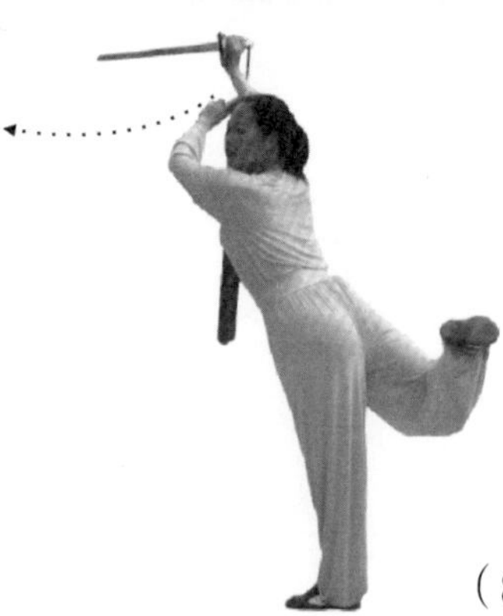

（83）

（84）

(83)

(84)

(82)

(81)

【二十三　勾踢撩倒】

擦地勾踢腿與撩劍要同時完成。

（85）

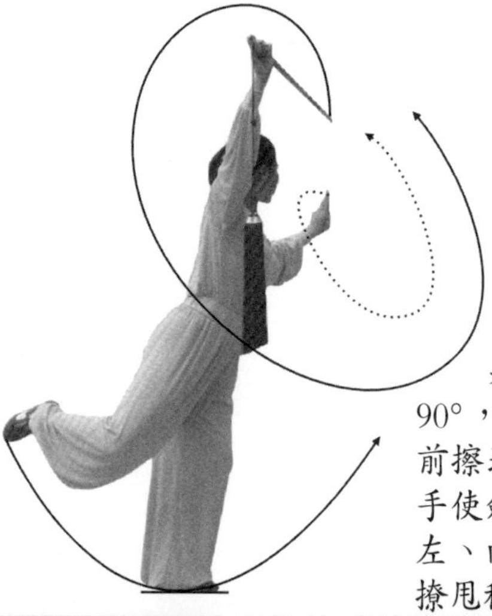

（86）

身體向左轉 90°，右腳向左前擦地勾踢，右手使劍向下、向左、向上弧形上撩甩穗。

（87）

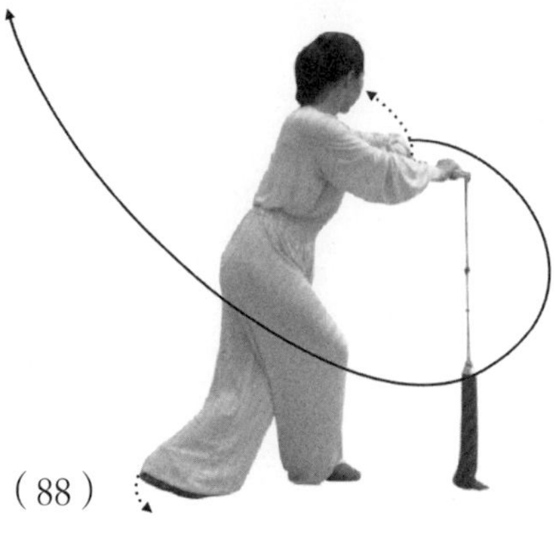

（88）

【二十四　坐盤反撩劍】

反撩劍時劍與臂成一直線，上體向左側傾，眼視劍尖。

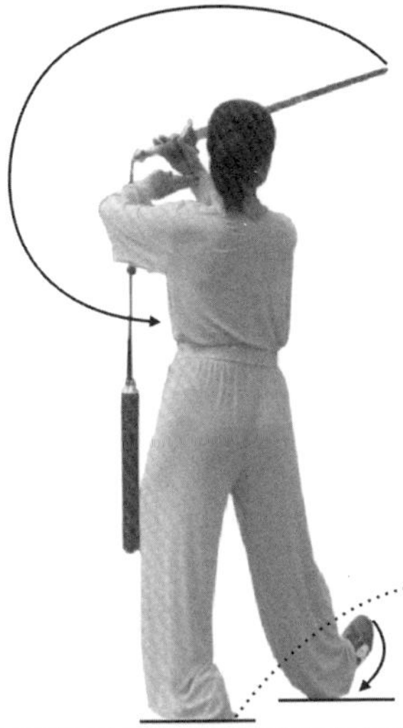
（87）

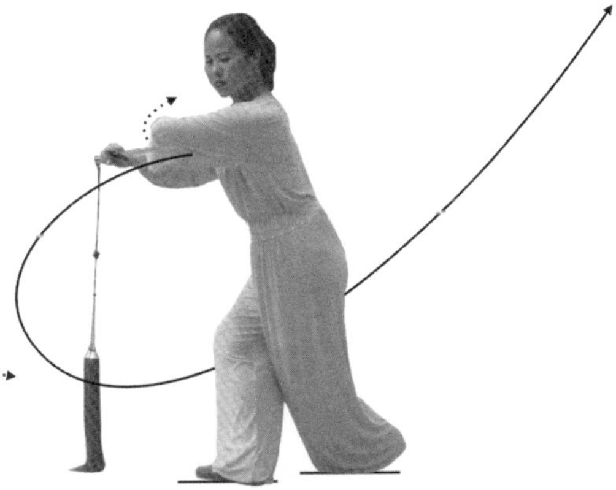
（88）

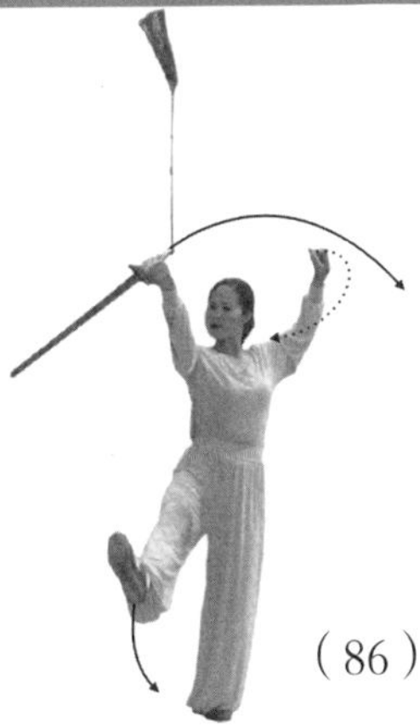
（86）

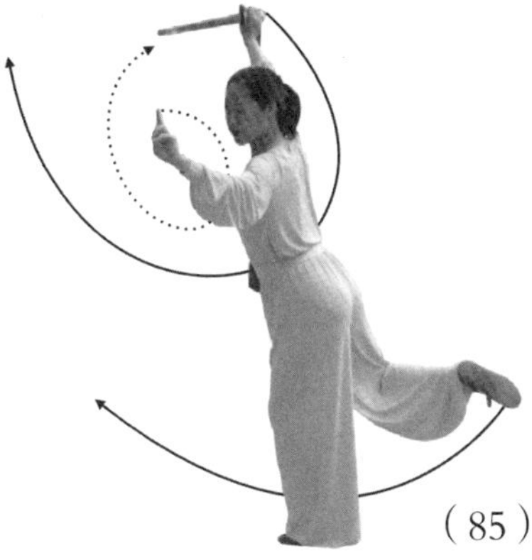
（85）

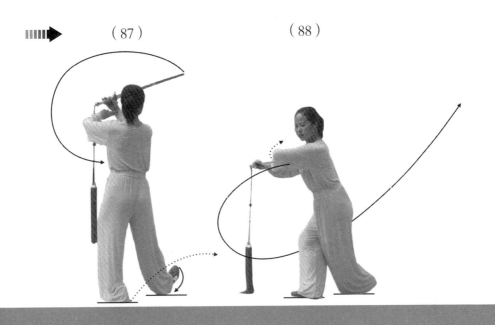

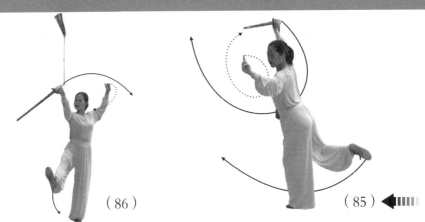

（89）

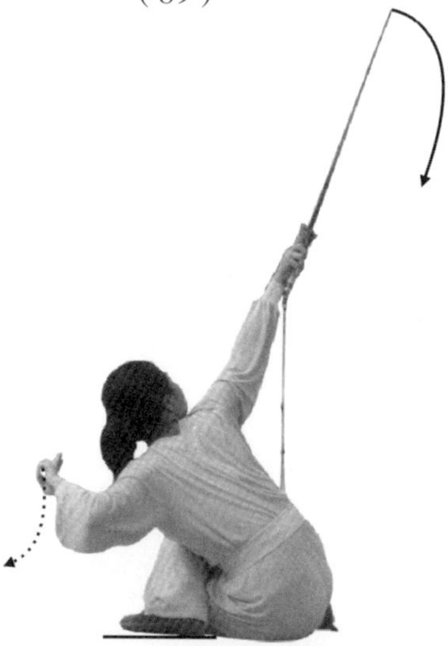

錯誤喲！

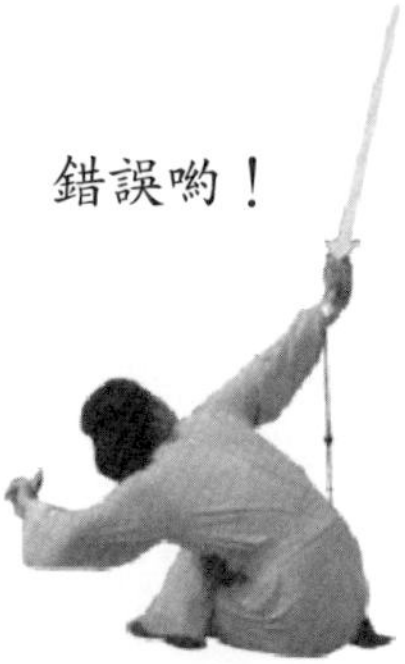

手臂翻轉太多。

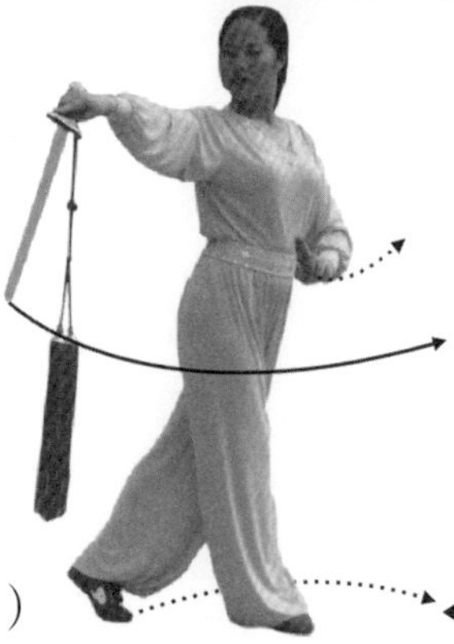

（90）

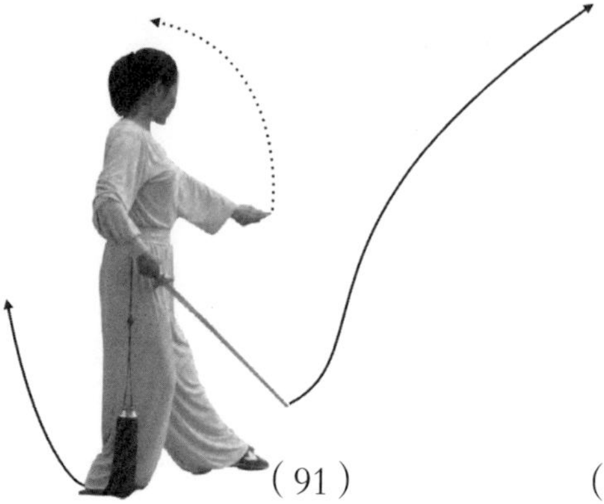

（91）

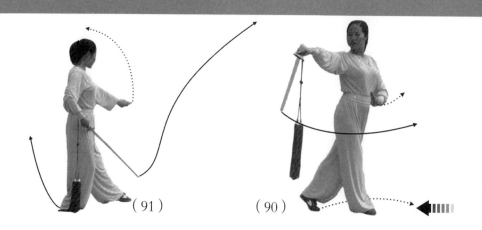

【二十五　後舉腿上刺劍】

後舉腿、向前上刺、架劍指要同時完成，上體不可前俯。

(90)　(91)

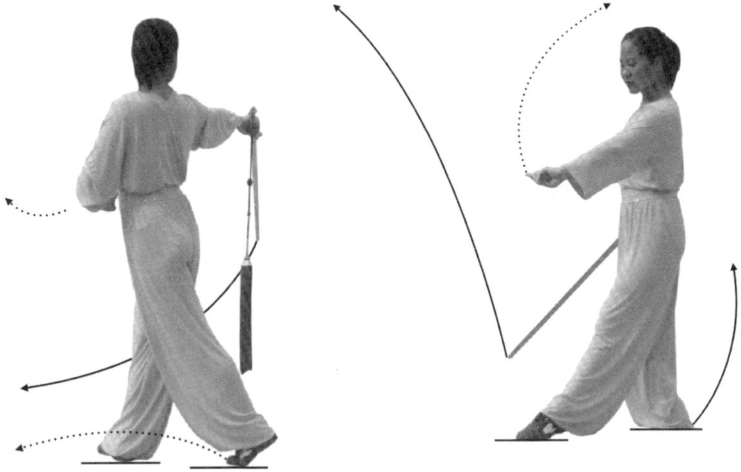

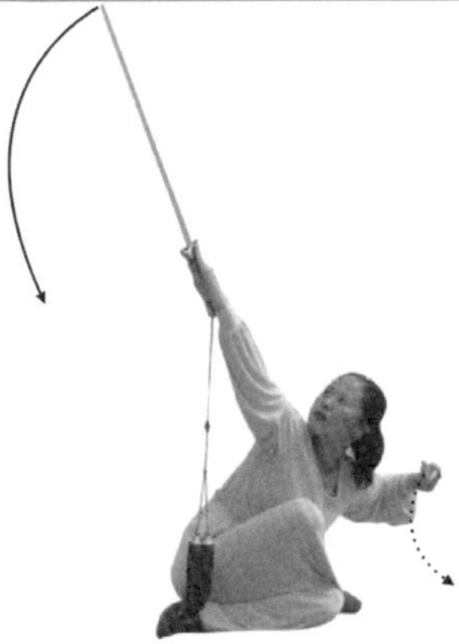

(89)

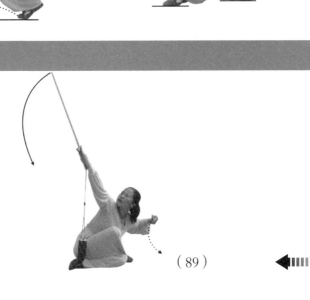

(92)

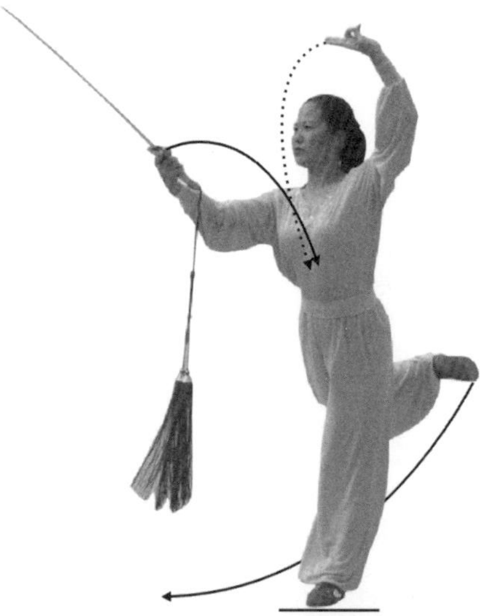

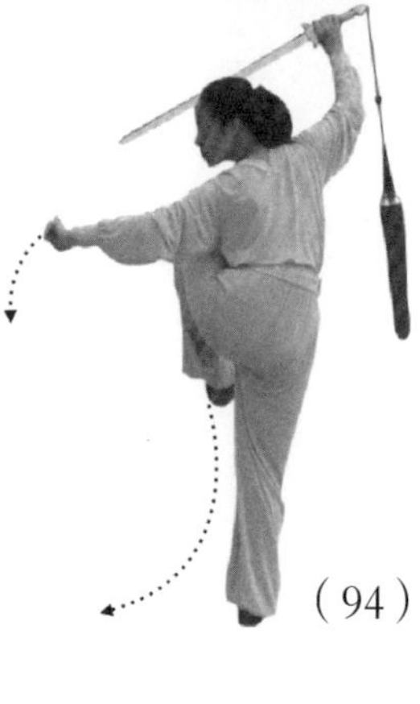

(94)

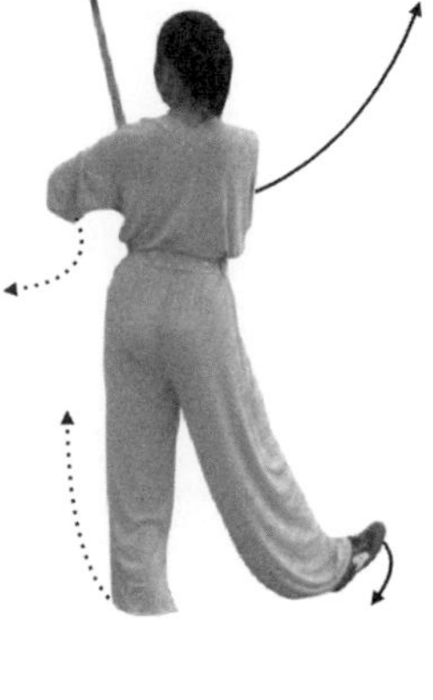

(93)

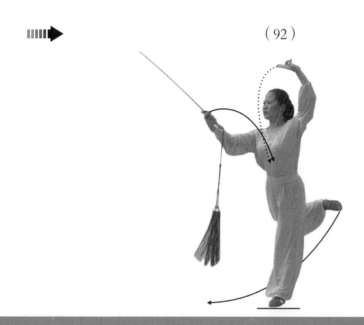

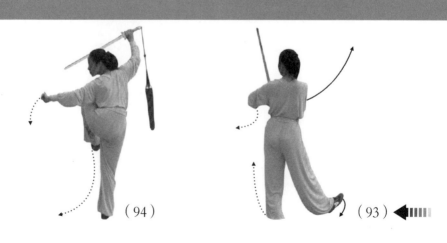

【二十六　提膝提劍】

提膝與提劍同時完成。

(93)

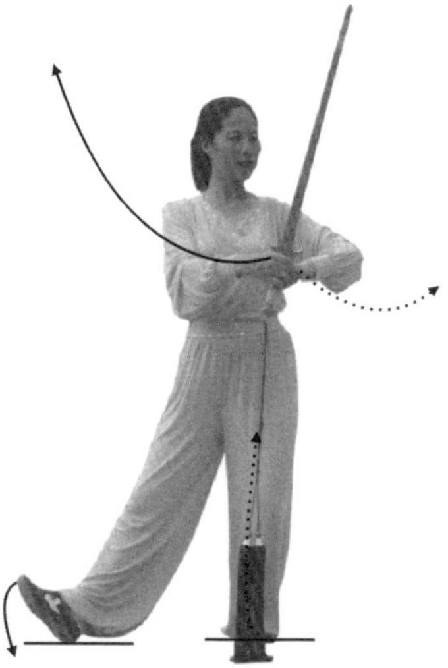

(94)

(92)

【二十七　翻身掛劍】

翻身與掛劍要成立圓，握劍要扣腕，劍要貼身走。

（95）

上右腳向左轉體 180°掛劍。

（96）

退左腳向左轉體 90°，繼續掛劍。

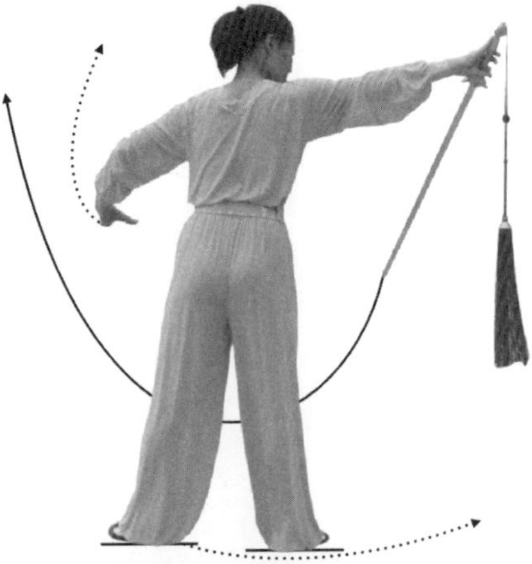

（97）

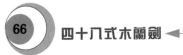

(97)

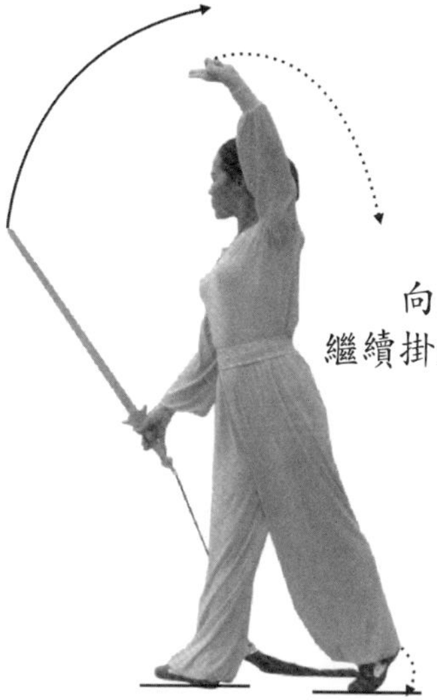

向左轉體 90°，繼續掛劍。

錯誤喲！

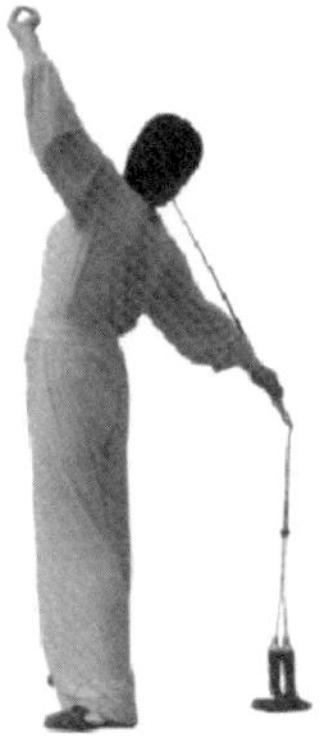

劍離身體不要太遠，上體不可後仰。

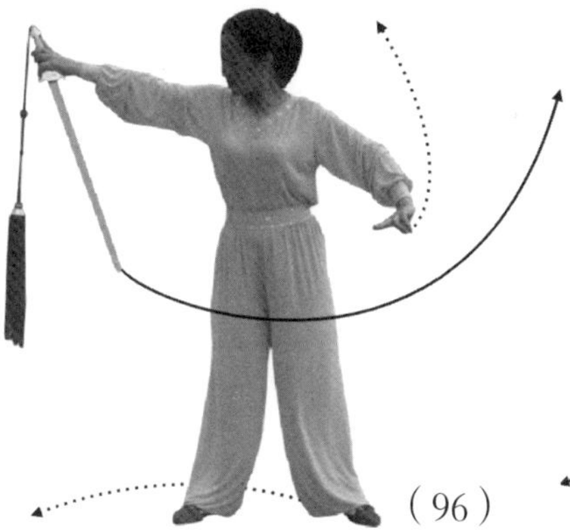

(96)

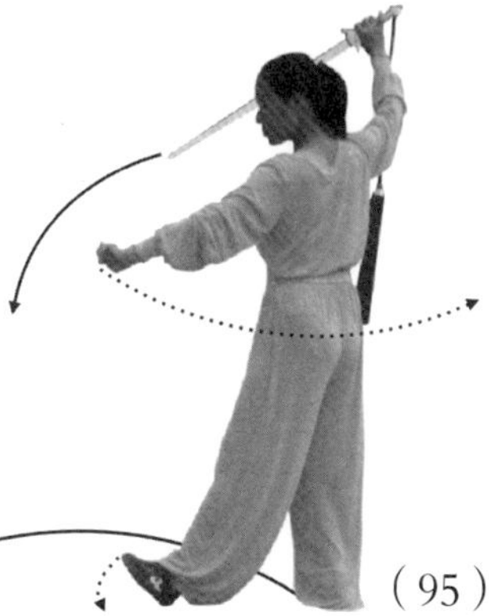

(95)

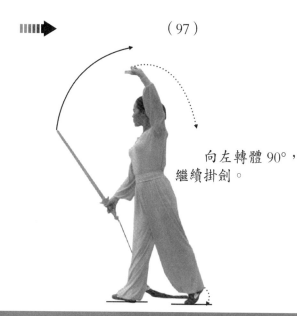

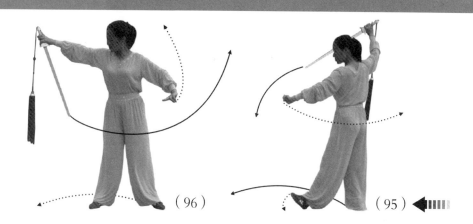

（98）

向左轉體90°，繼續掛劍。

（99）

（100）

（101）

【二十八　左右掛劍】

　　左掛劍、上步右掛劍動作要連貫，劍要走立圓，貼身。

（100）

上右腳向
右轉體 90°，
繼續掛劍。

（101）

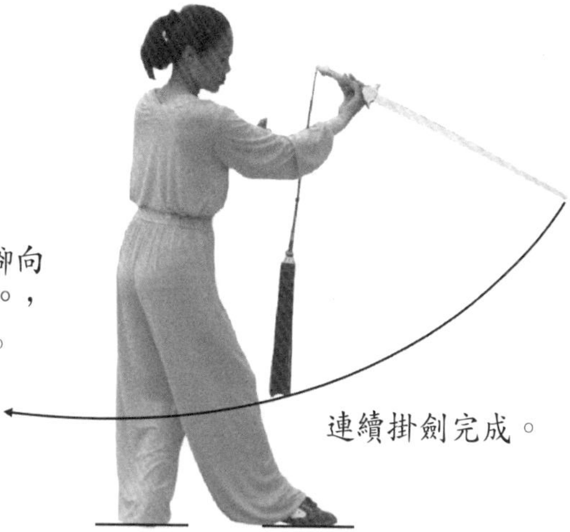

連續掛劍完成。

（99）

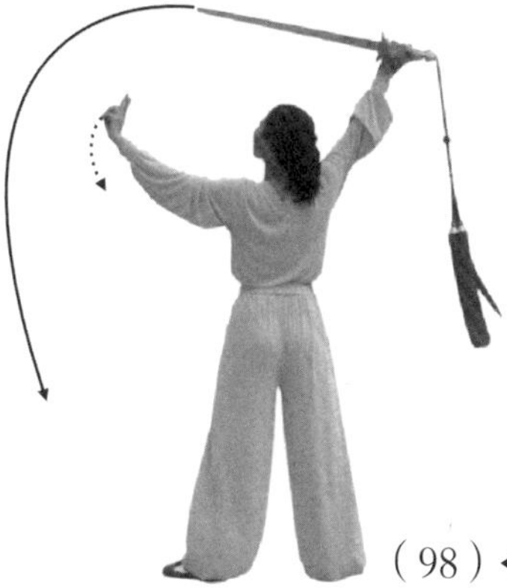

（98）

（102）

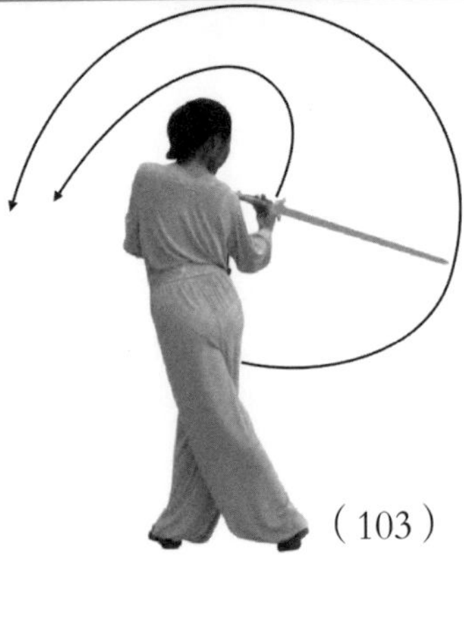

（103）

【二十九　提膝提劍】

向左甩穗一圈，提膝、提劍要同時完成。

（103）

劍穗在體右側甩動一圈。

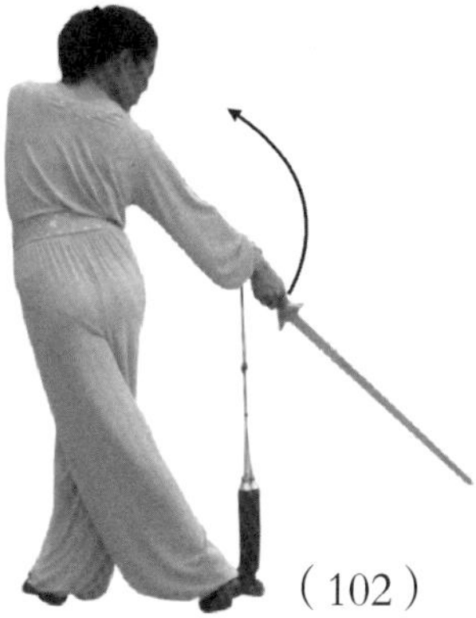

（102）

(104)

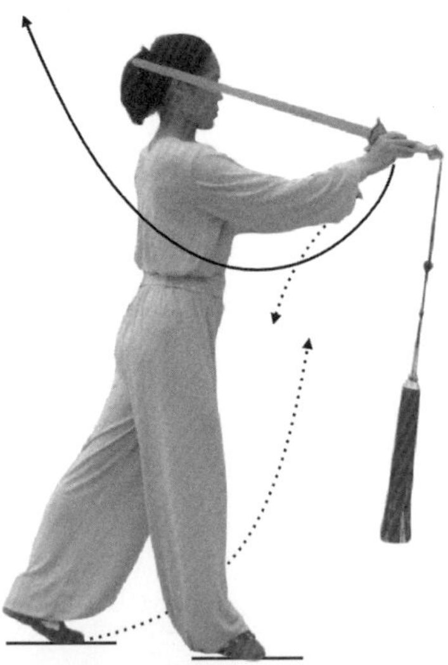

(105)

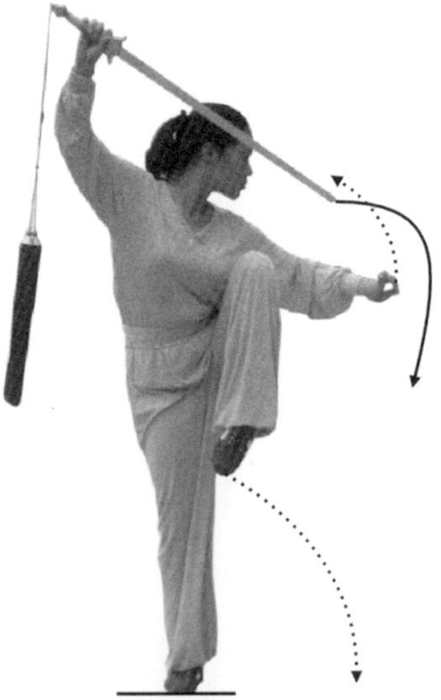

(106)

(107)

【三十　雲穗插步平刺劍】

重心前移與握把雲穗同時完成，刺劍要與劍平，成立劍。

(106)

劍把在頭上向左、向後、向右平繞一圈，劍穗隨之甩轉一圈。

(107)

錯誤喲！

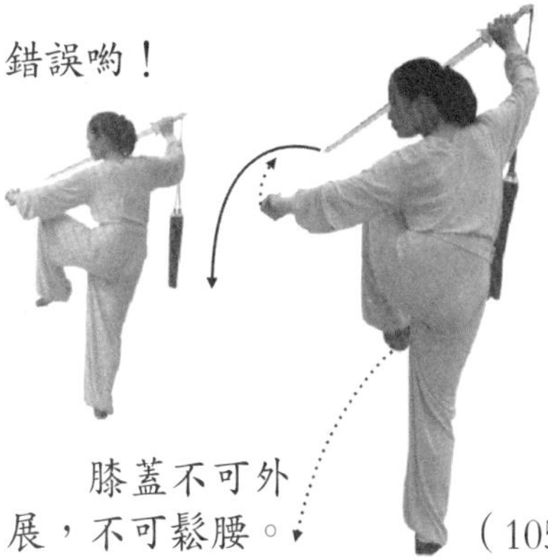

膝蓋不可外展，不可鬆腰。

(105)

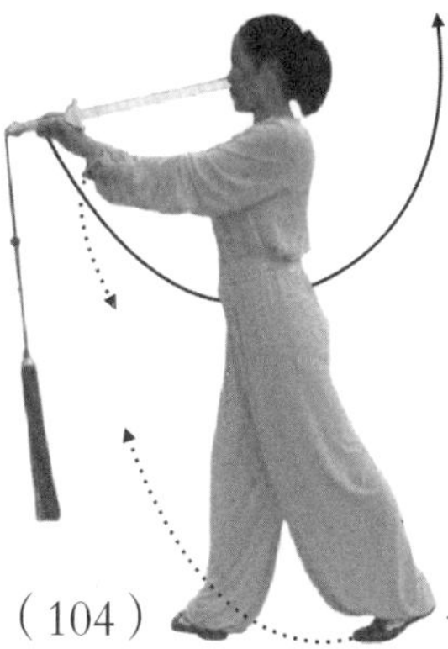

(104)

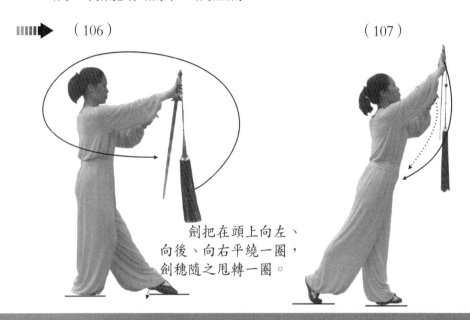

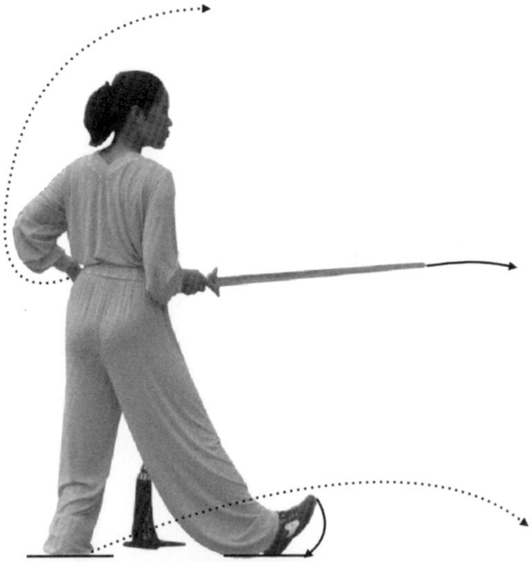

（108）

（109）

(109)

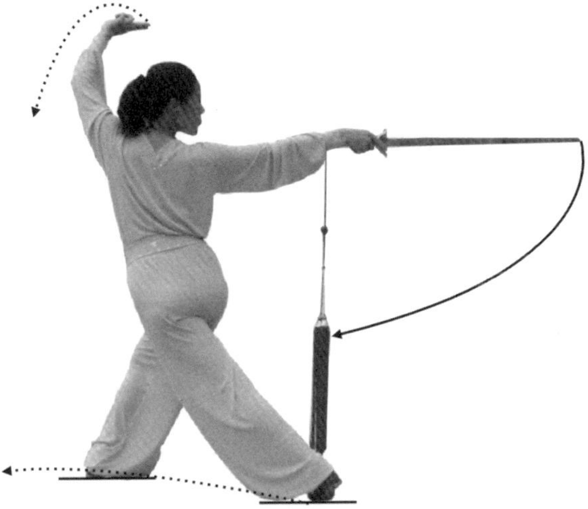

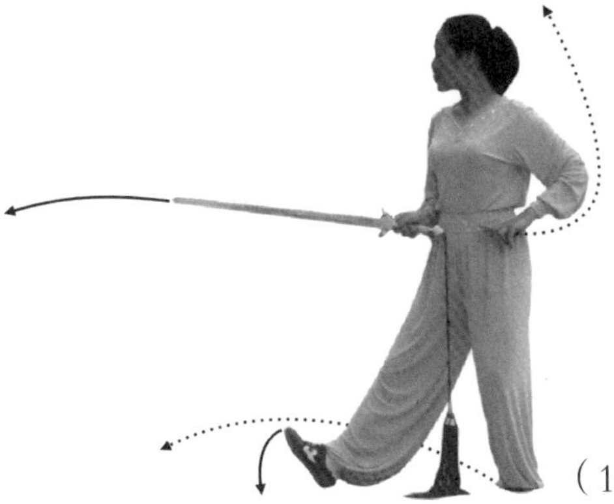

(108)

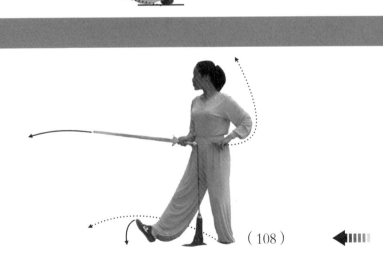

（111）

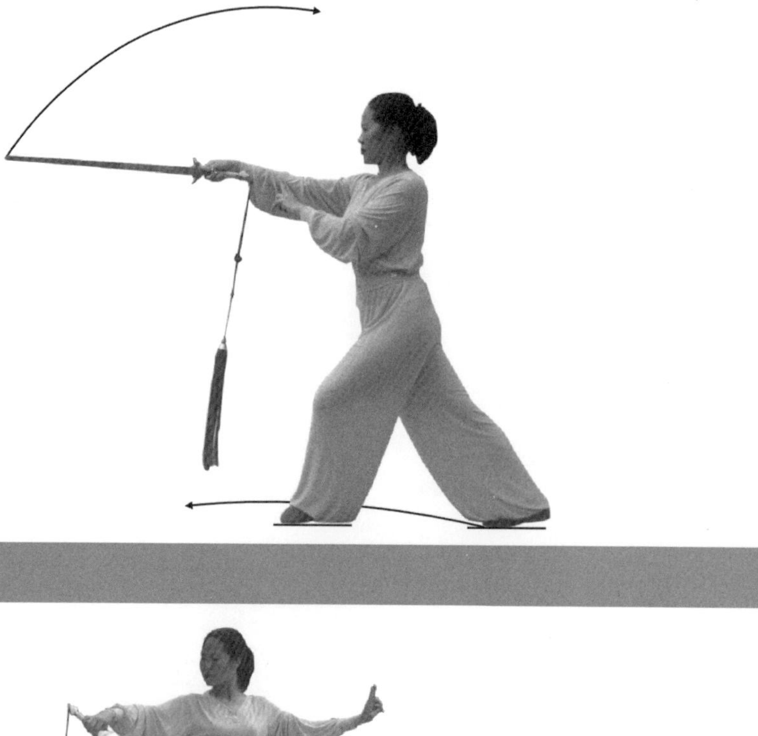

（110）

【三十一　轉身上步平刺劍】

轉身上步、扣腕、提劍要同時完成，弓步刺劍要同時完成。

（110）

（111）

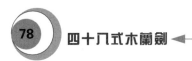

【三十三　上步探海】

落步與上步抱劍要協調配合，探海平衡支撐腿要直立、抬頭、挺胸。

（114）

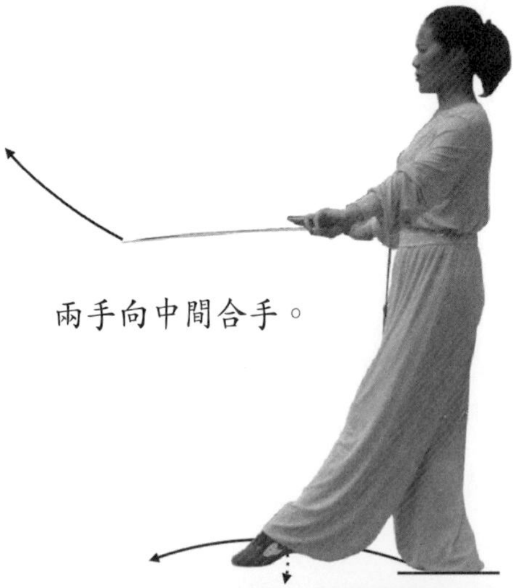

兩手向中間合手。

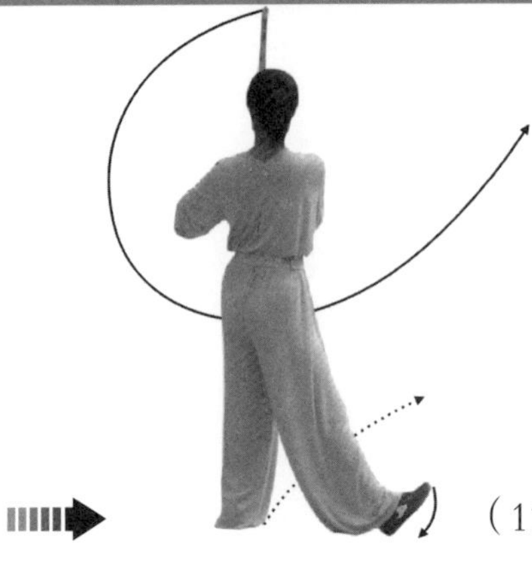

（112）

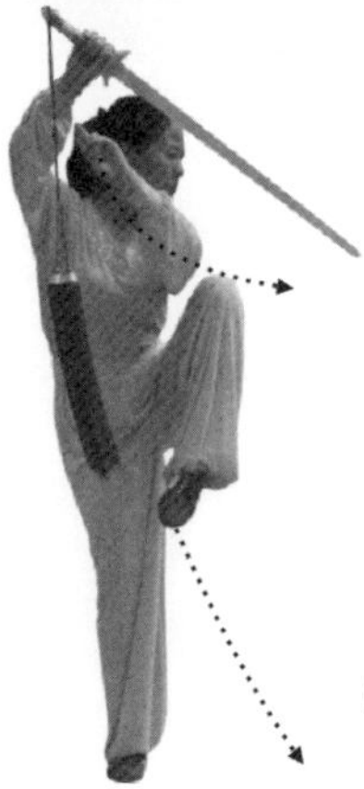

（113）

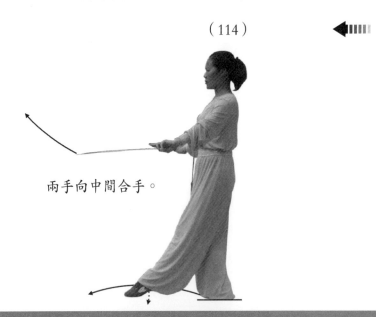

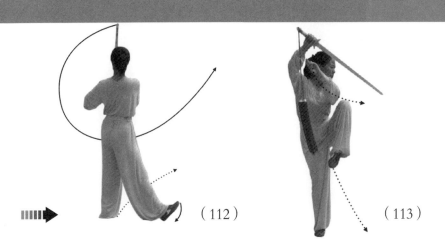

【三十二　提膝架劍】

右轉體提膝、提劍、畫弧上架要連貫、圓活。

（112）

（113）

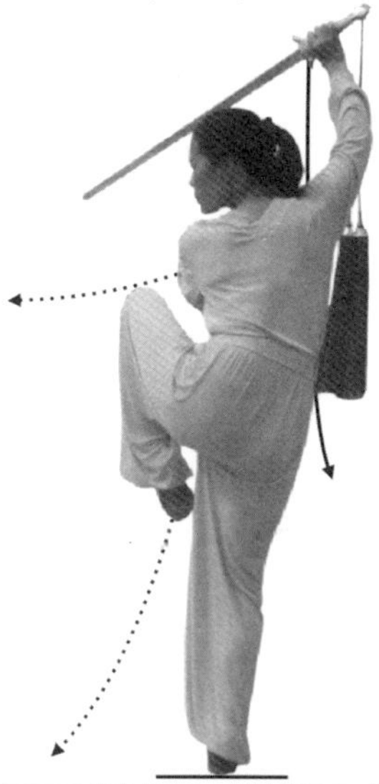

（114）

（116）

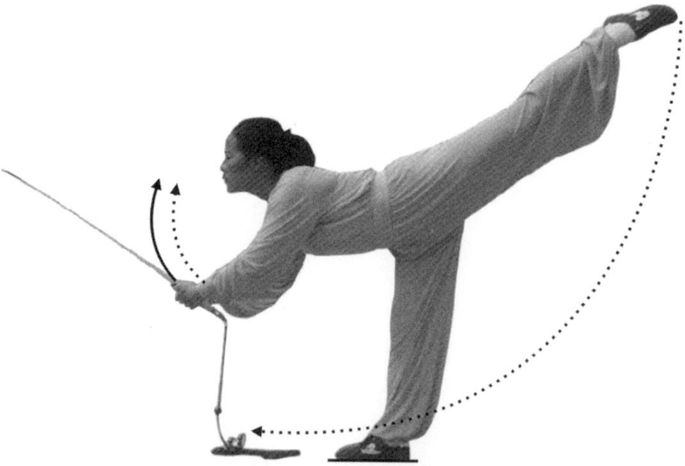

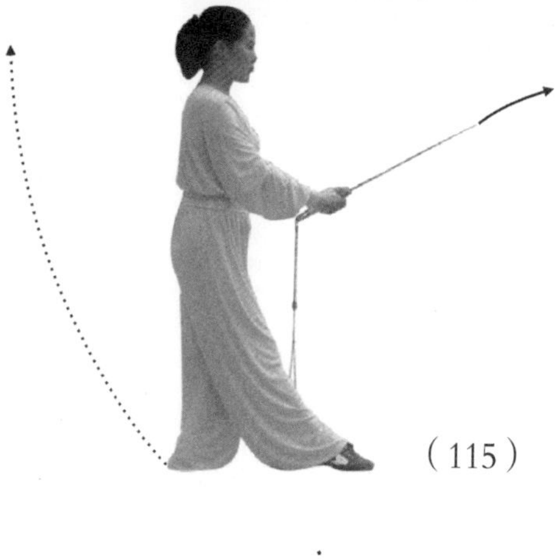

（115）

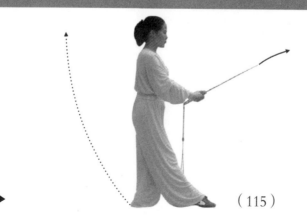

(115)

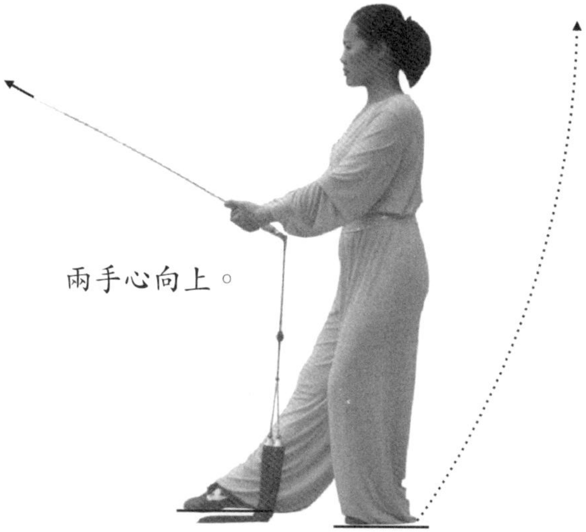

兩手心向上。

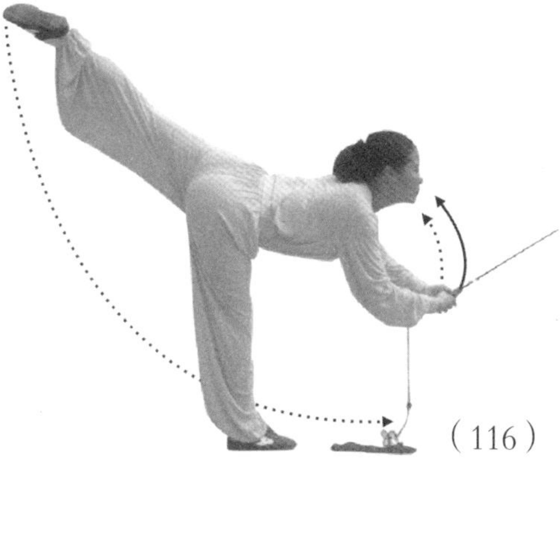

(116)

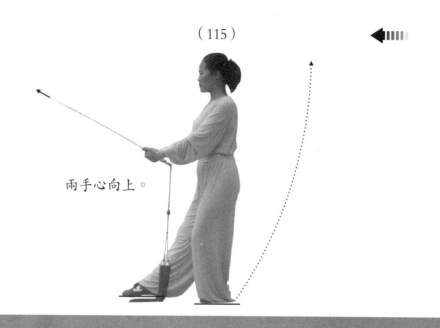

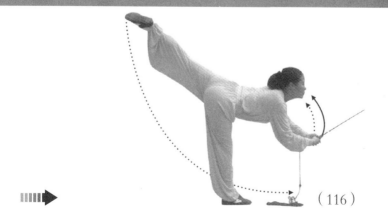

(119)

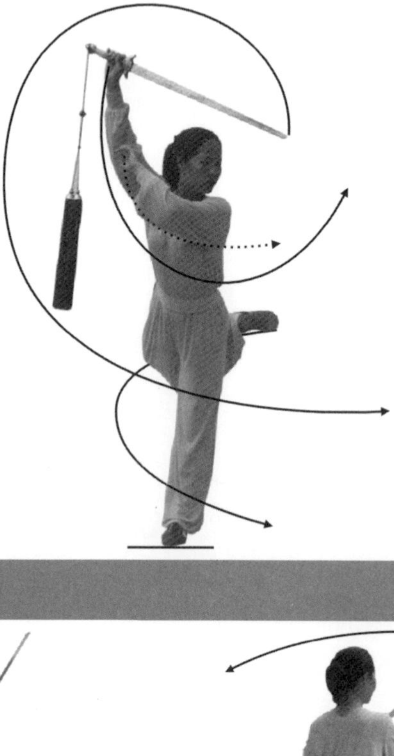

(117)

(118)

【三十四　後舉腿架劍】

轉體帶劍畫弧要協調一致，
後舉腿架劍要立身、挺拔。

（118）

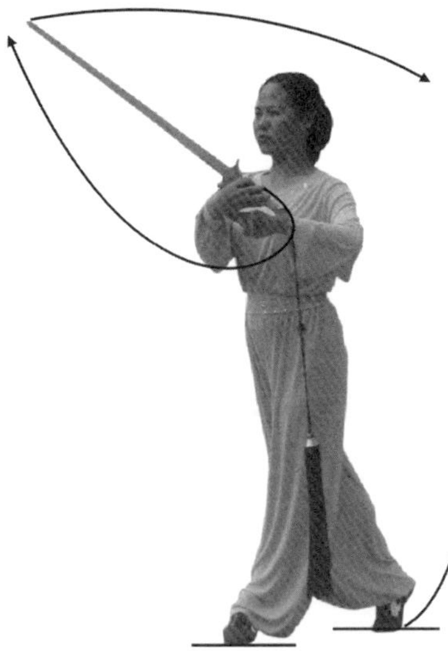

（117）

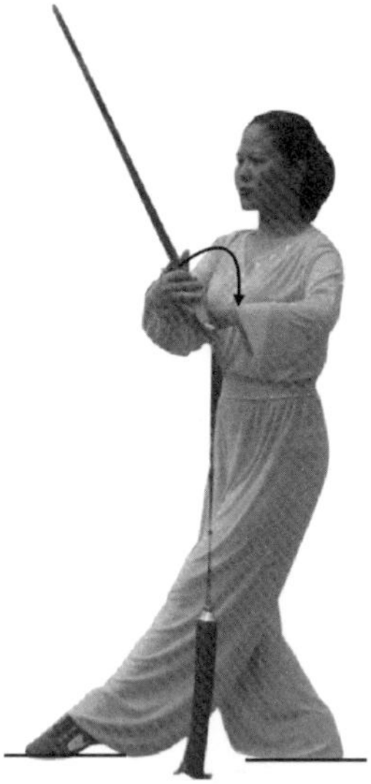

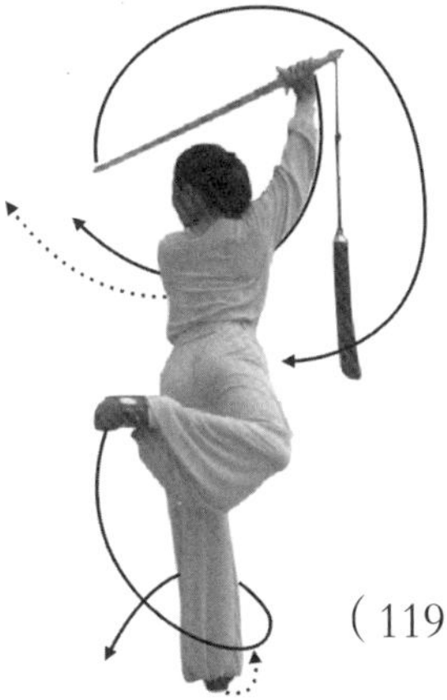

（119）

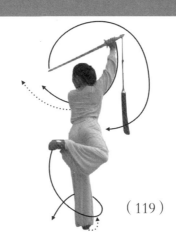

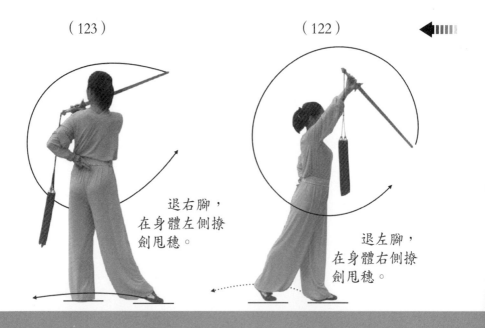

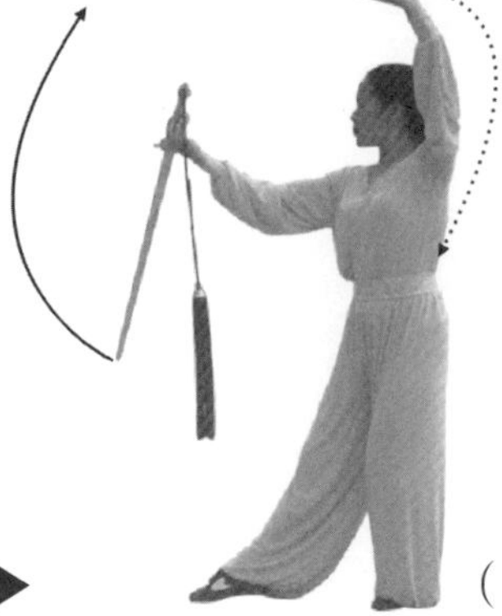

（120）

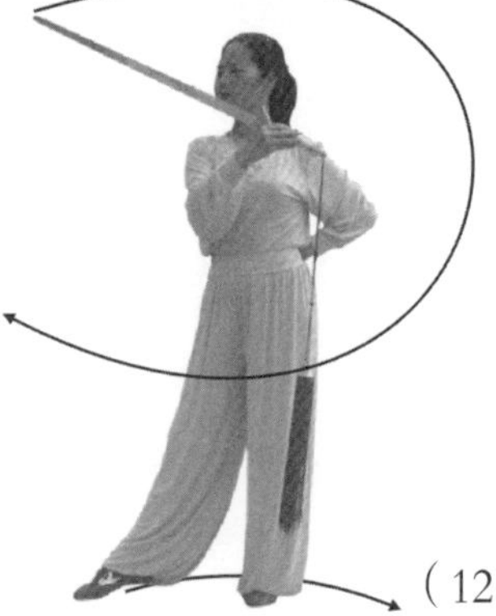

（121）

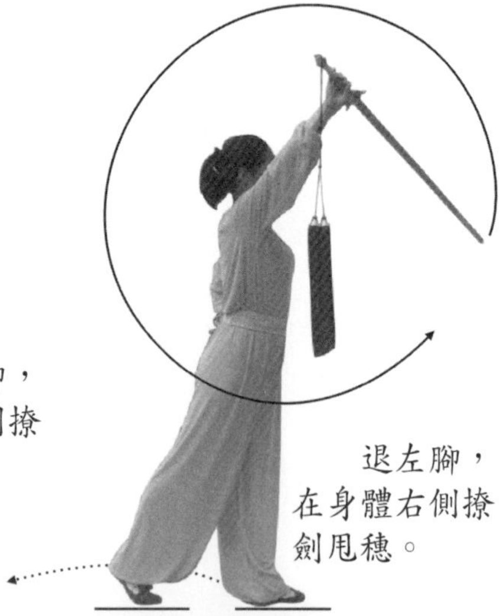

（122）

退左腳，
在身體右側撩
劍甩穗。

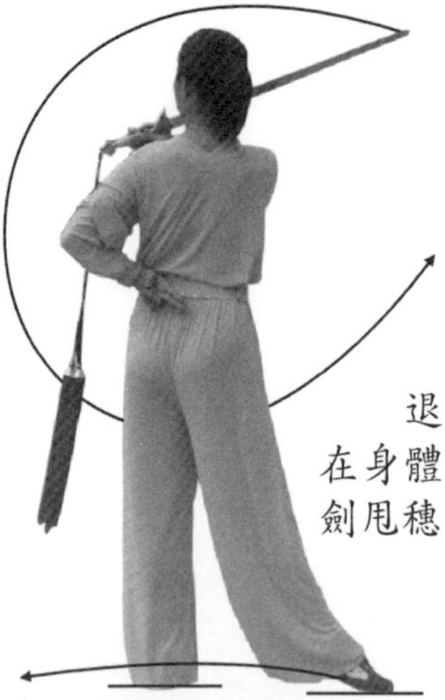

（123）

退右腳，
在身體左側撩
劍甩穗。

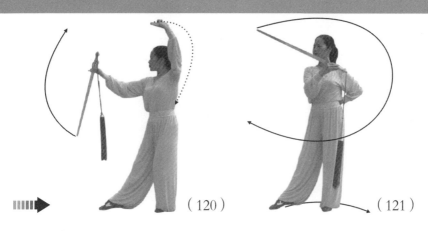

【三十五　轉身退步左右甩穗】

退步甩穗與步法要密切配合，
動作要平穩、連貫，甩穗成立圓。

（120）

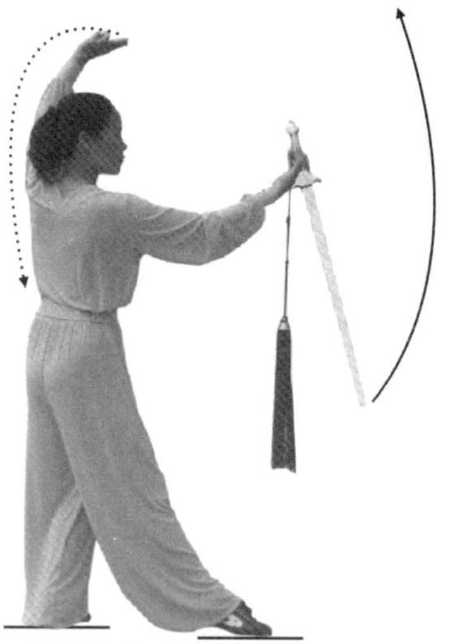

（121）

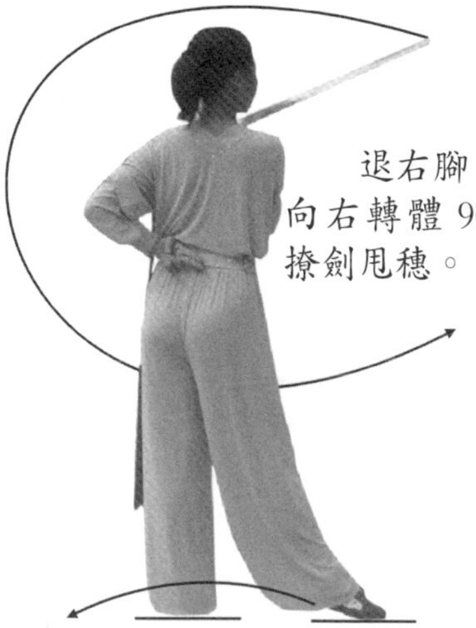

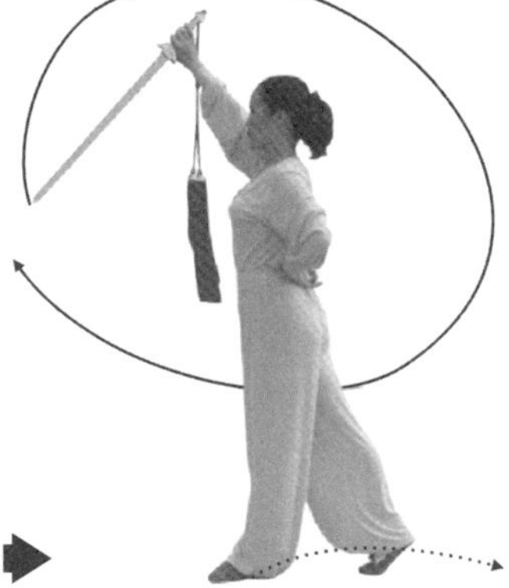

（122）

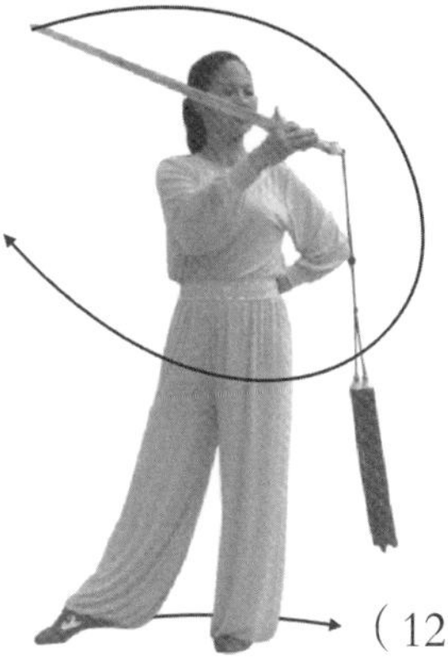

（123）

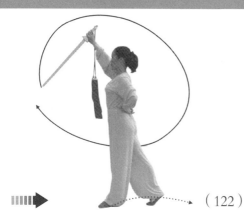

（127）

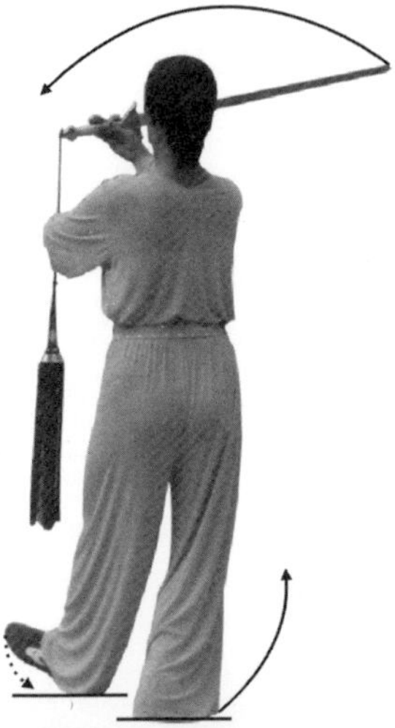

（126）

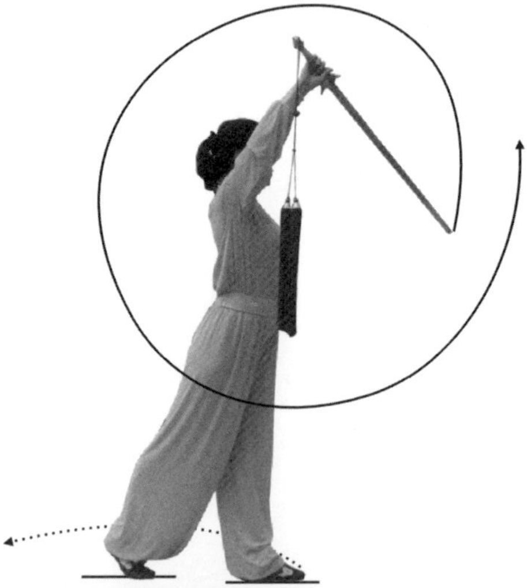

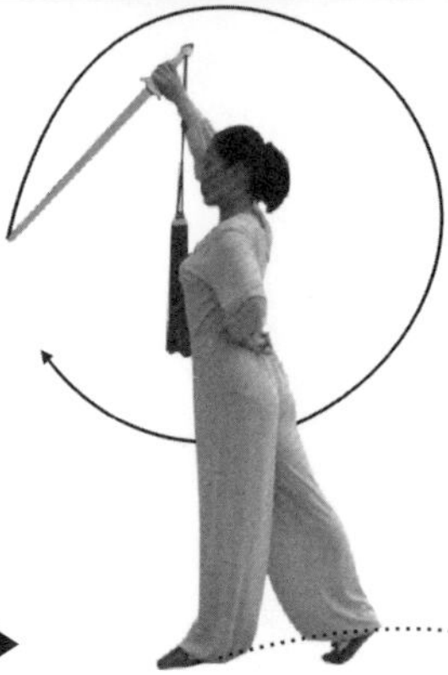

（124）

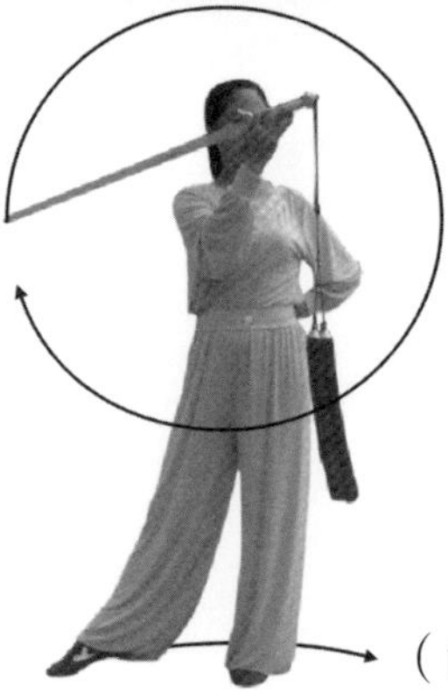

（125）

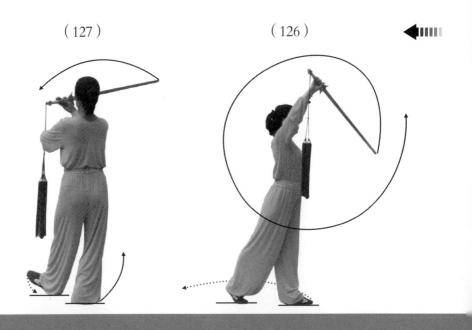

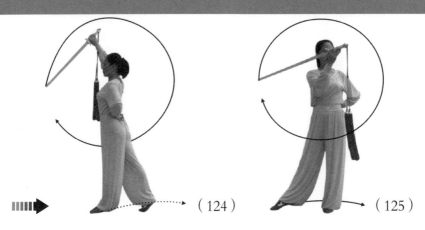

(124)

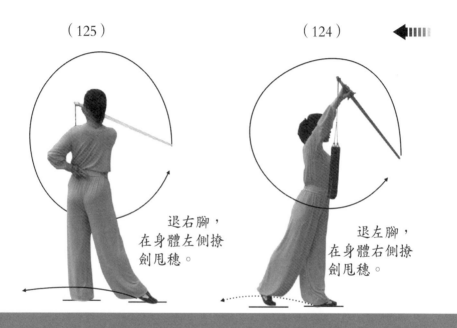

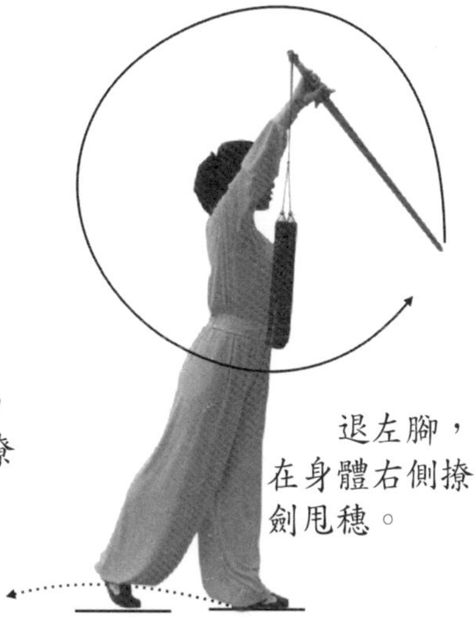

退左腳，
在身體右側撩
劍甩穗。

(125)

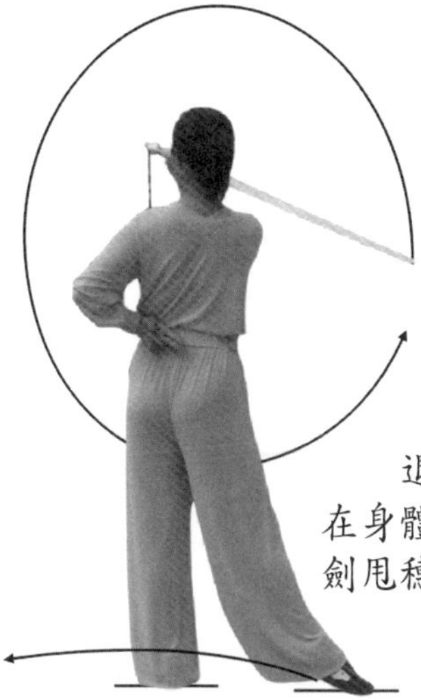

退右腳，
在身體左側撩
劍甩穗。

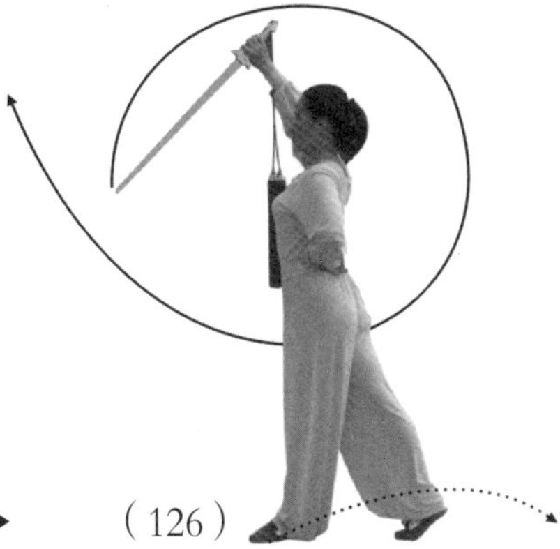

(126)

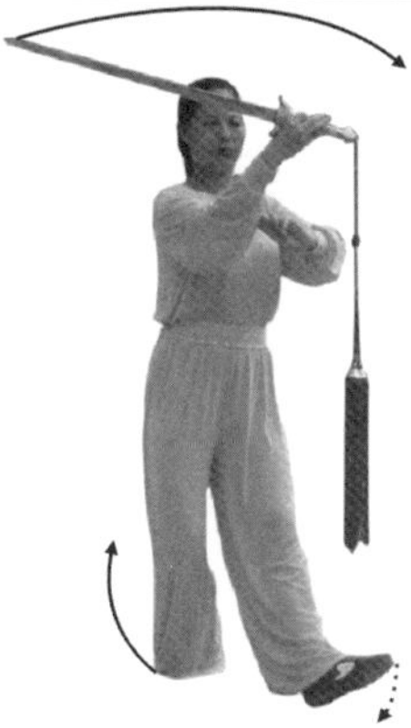

(127)

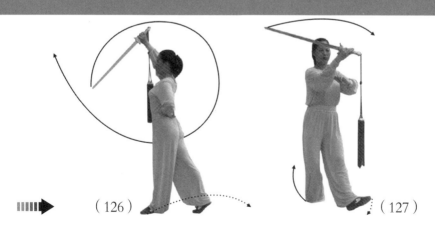

【三十七　提膝上刺劍】

提膝與上刺劍同時完成。

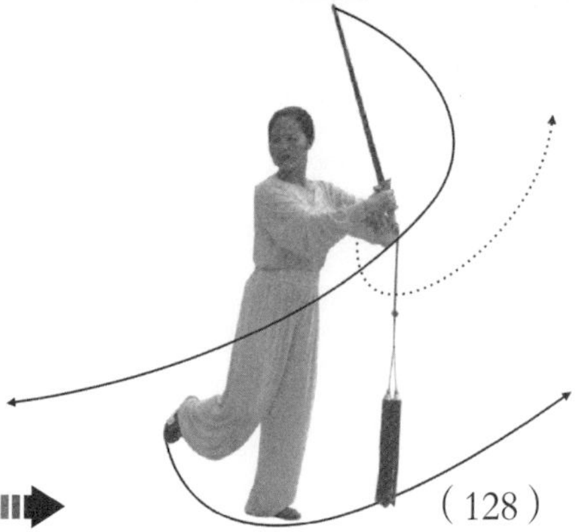

（128）

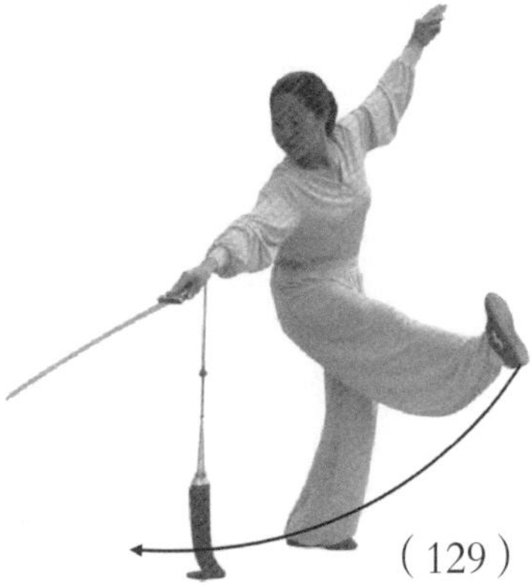

（129）

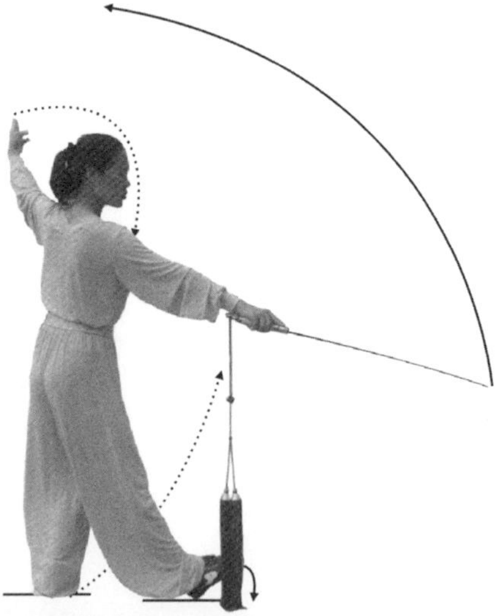

（130）

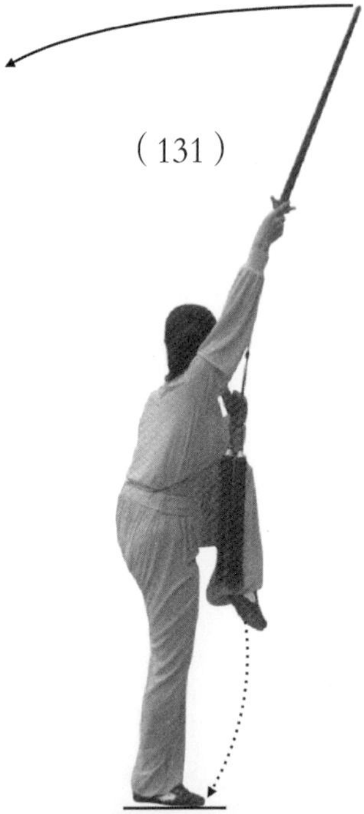

（131）

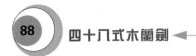

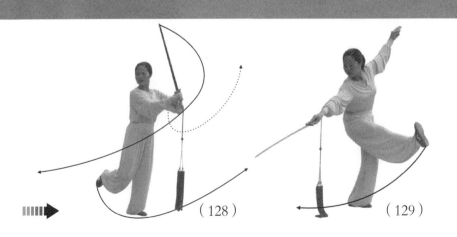

【三十六　勾踢下截劍】

擦地勾踢要與下截劍同時完成，截劍時，上體右擰腰。

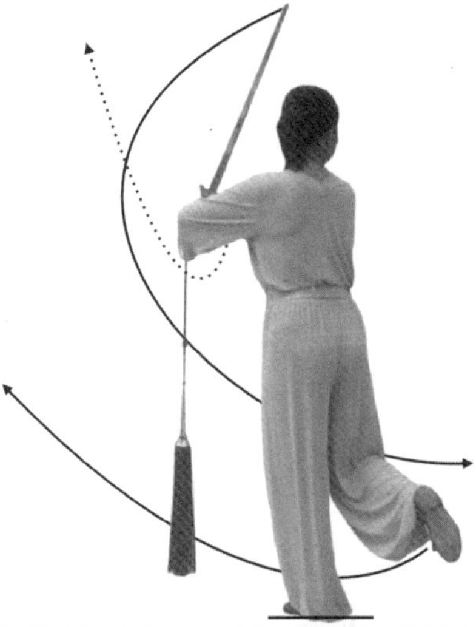

（128）

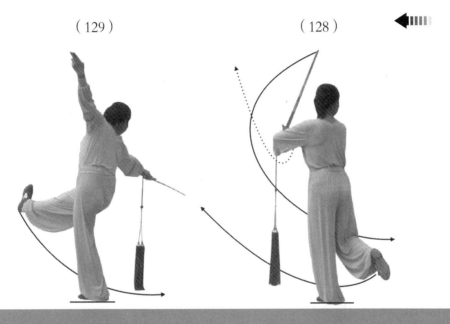

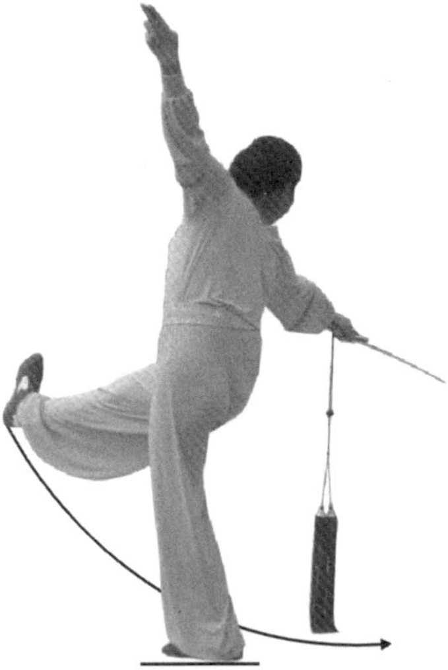

（129）

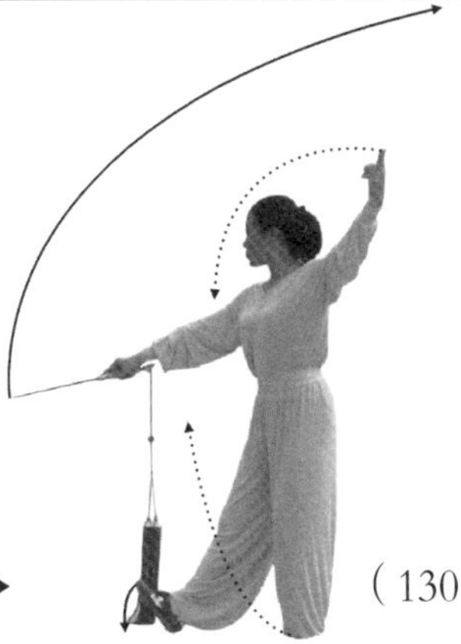

（130）

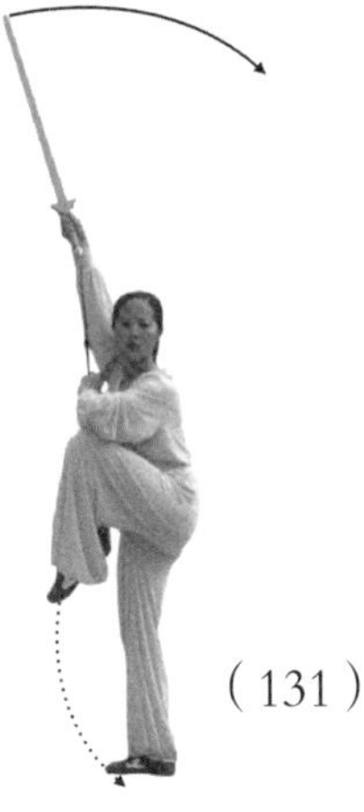

（131）

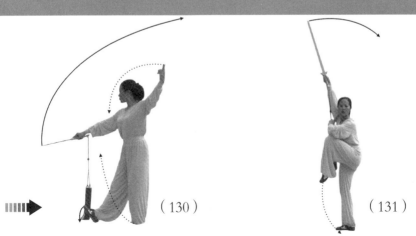

【三十八　歇步掃劍】

掃劍時，要畫弧，力達劍刃歇步要全蹲，上體右傾。

（132）

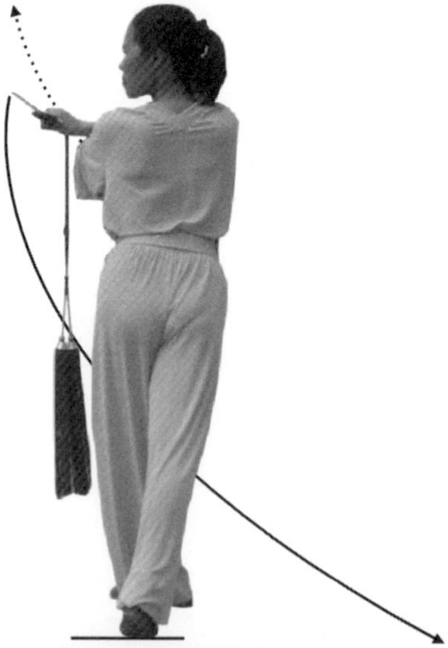

（133）

（134）

(134)

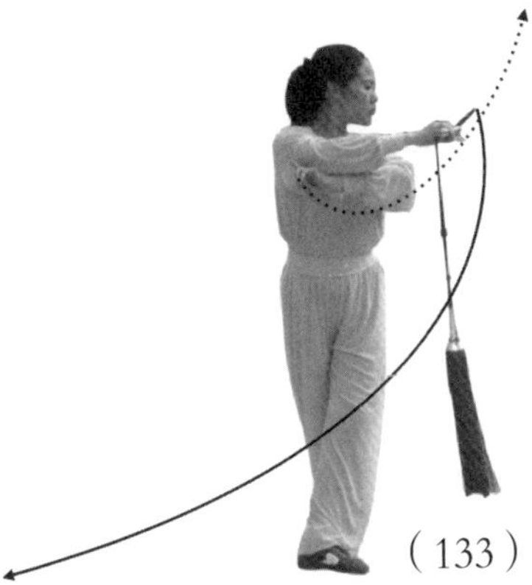
(133)

(132)

【三十九　虛步提劍】

上步要與撩劍協調配合，高虛步要立腰。

（135）

左腳向前上步，
腳前掌著地成虛步。

（136）

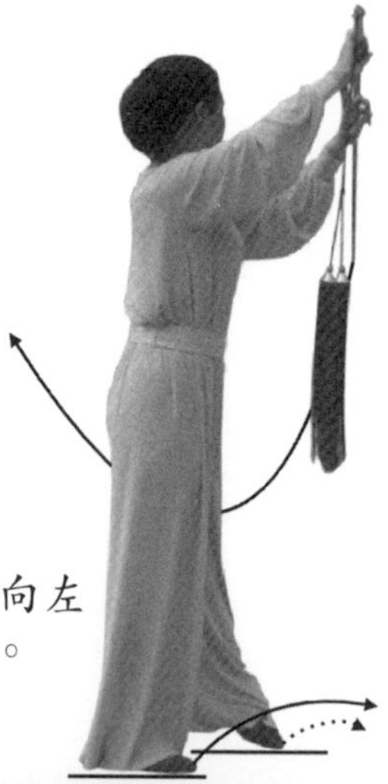
右腳向左
腳前扣步。

（137）

（138）

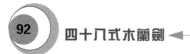

【四十　插步點劍】

後插步與提腕點劍要同時完成。

(137)

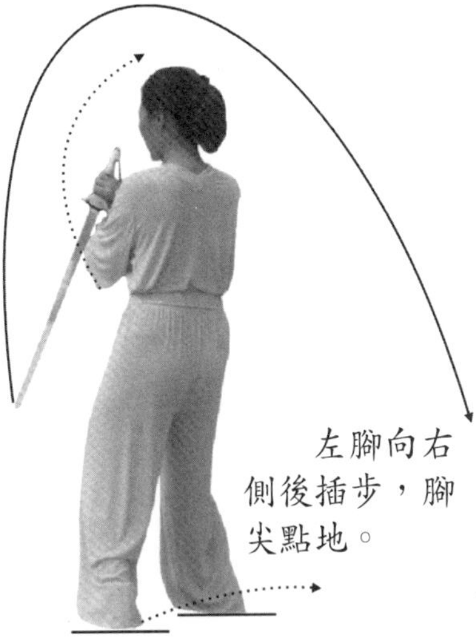

(138)

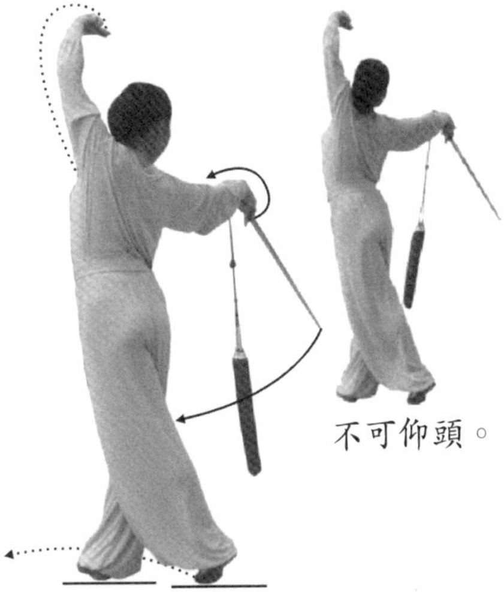

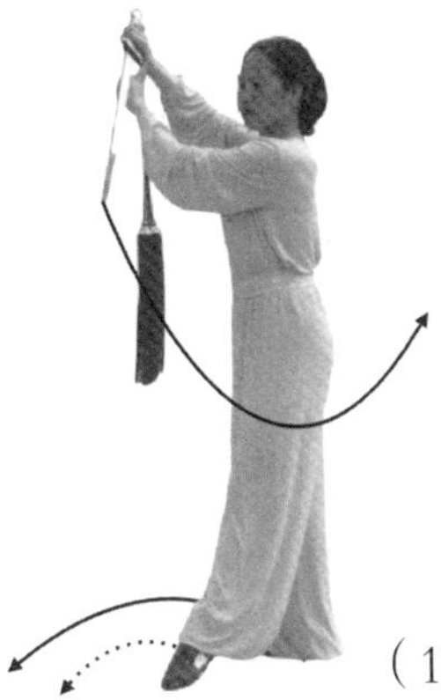

(136)

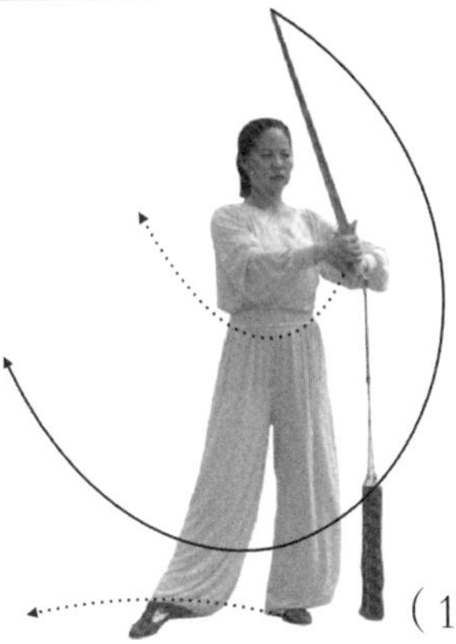

(135)

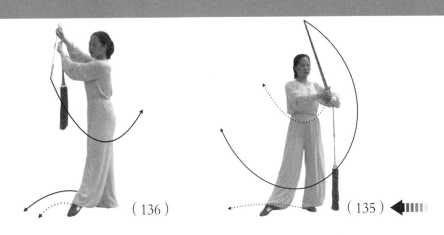

【四十一　進退步左右掛劍】

退三步，進二步，要與左右掛劍配合一致，掛劍要立圓、貼身。

（139）

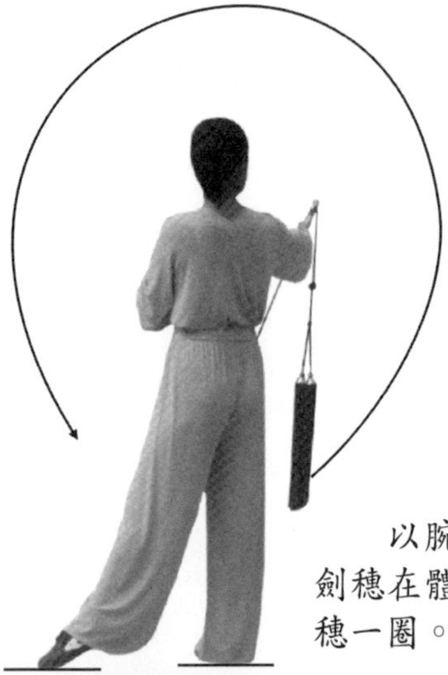

以腕力使劍穗在體前繞穗一圈。

（140）

劍向右掛劍。

（141）

（142）

（139）

（140）

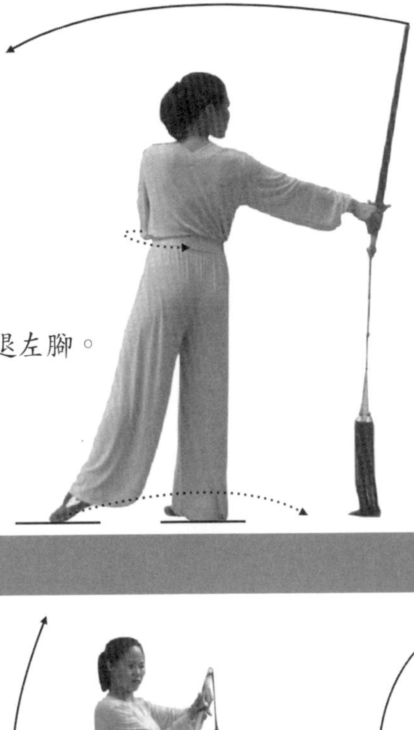

（141）

退左腳。

（142）

身體向左轉 90°掛劍。

(143)

(144)

身體向右轉 90°掛劍。

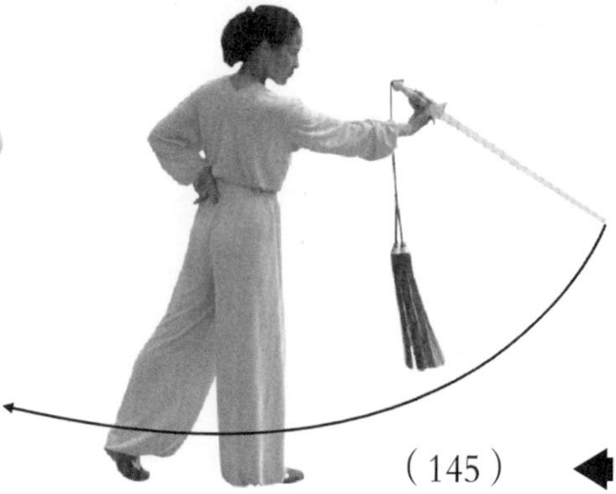

(145)

(146)

(143)

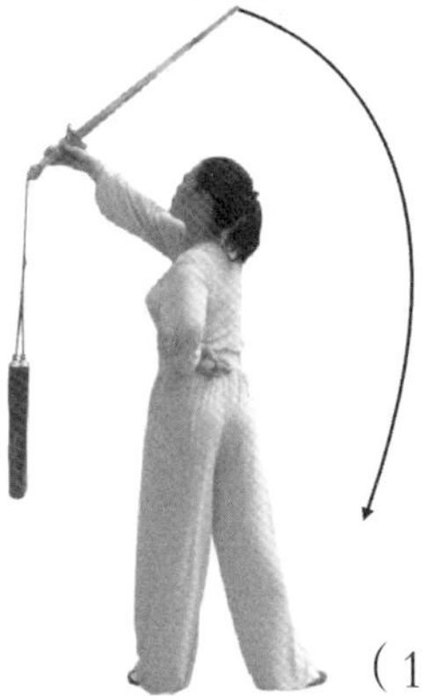

(144)

(145)

(146)

退右腳掛劍。

(147)

左腳上半步腳尖外展。

(148)

在身體的左側掛劍。

(149)

(150)

（149）

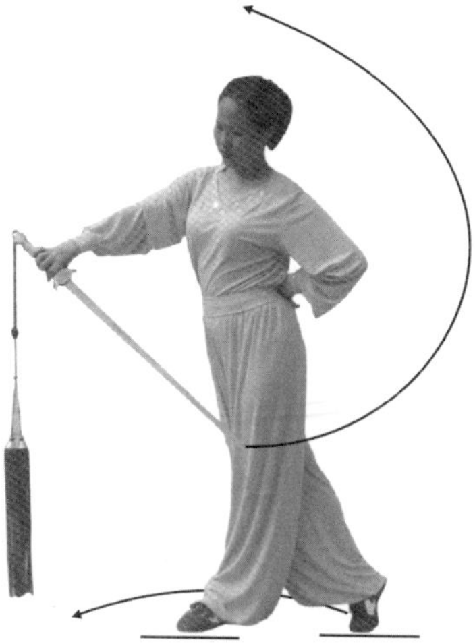

（150）

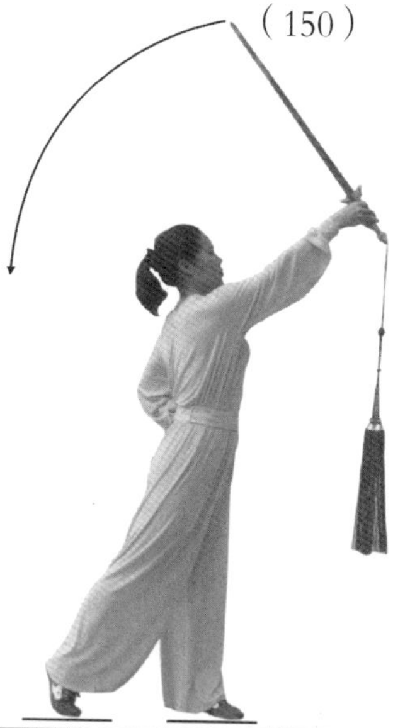

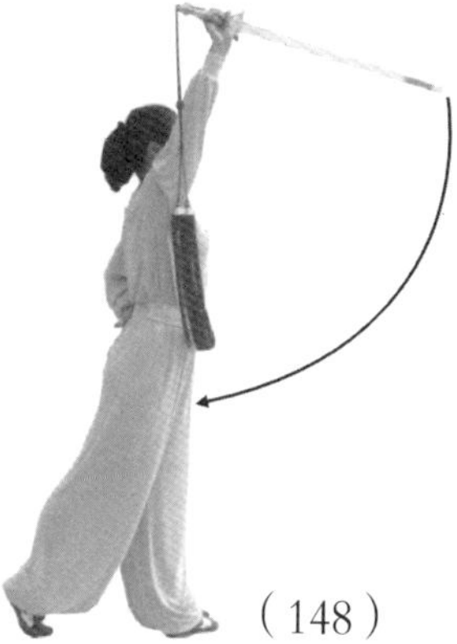

（148）

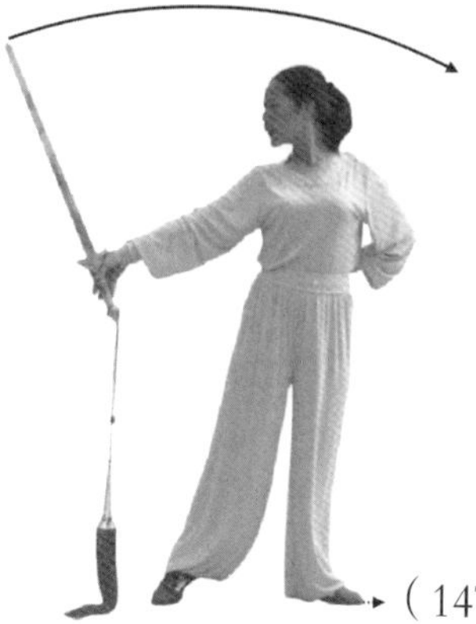

（147）

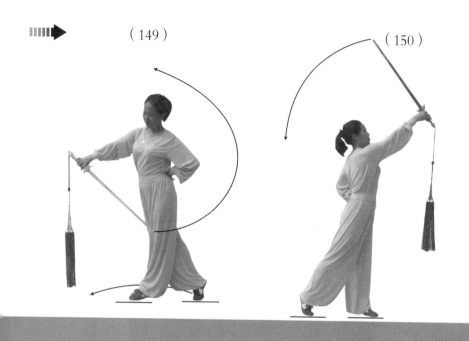

（151）

原地在身體的右側掛劍。

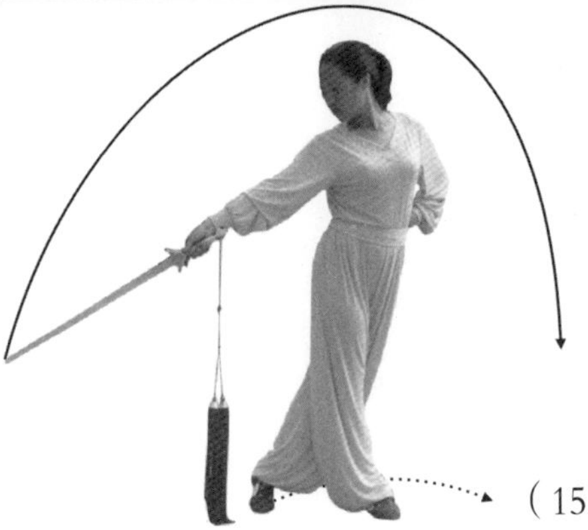

（152）

（152）

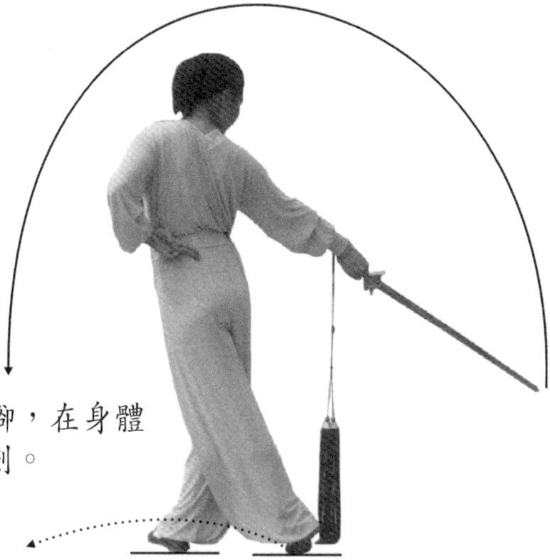

上左腳，在身體的左側掛劍。

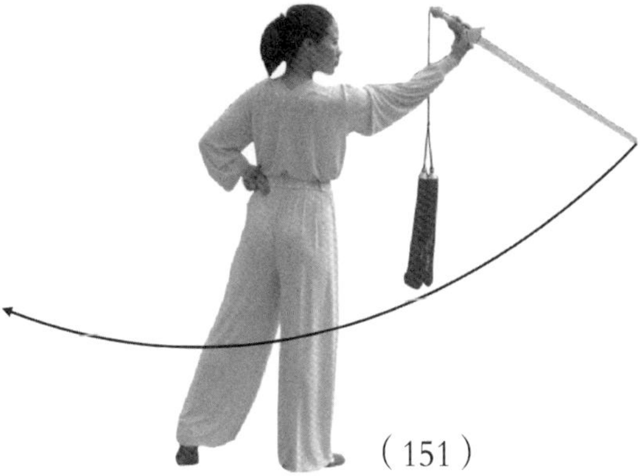

（151）

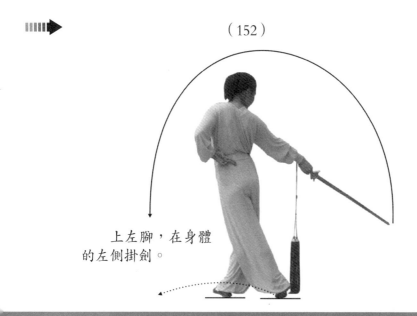

(153)

(154)

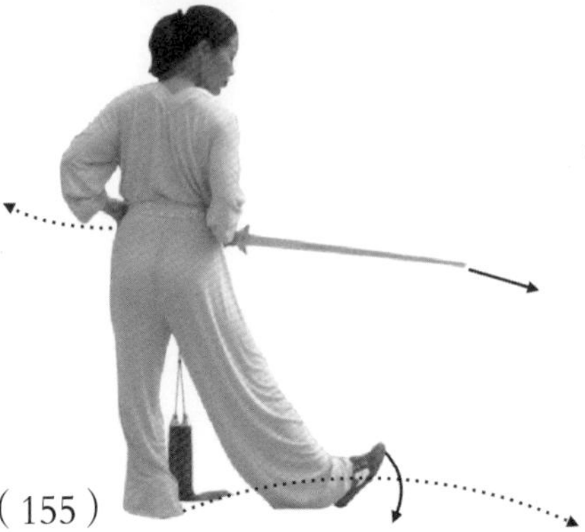

(155)

【四十二　插步下刺劍】

上步收劍與插步下刺劍要連貫一致，刺劍時，兩手臂成一斜直線。

（154）

（155）

（153）

(156)

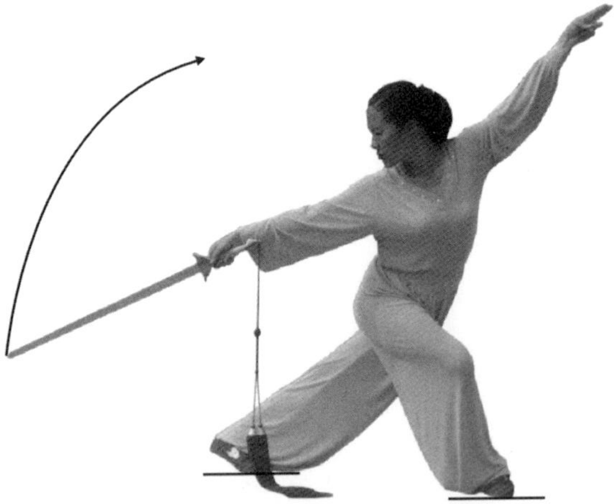

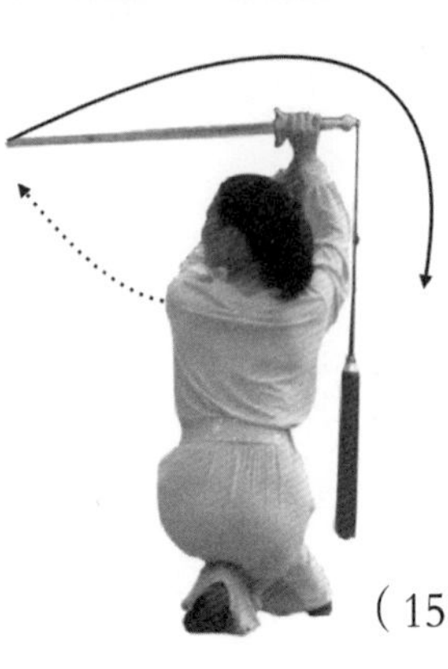

(158)

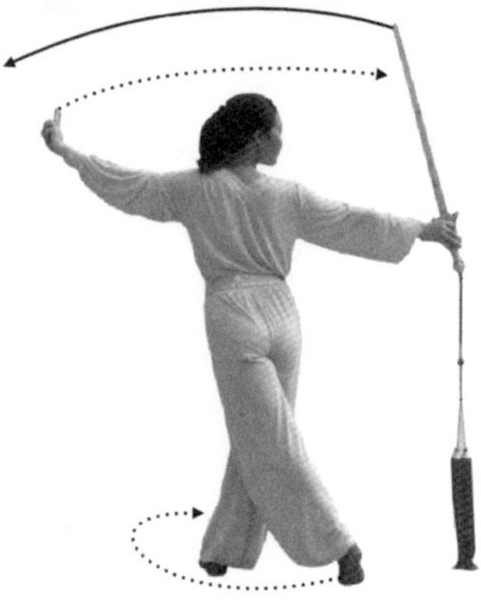

(157)

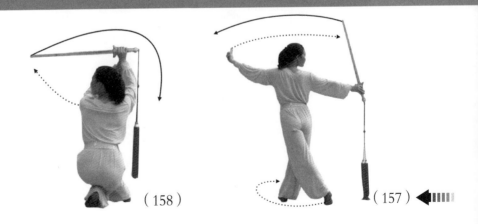

【四十三　歇步架刺劍】

屈膝下蹲與上架劍要協調配合，歇步時，臀部坐在小腿上。

（157）

蓋右腳成歇步。

（158）

（156）

【四十四　轉身虛步刺劍】

立身起來，上右腳成虛步，刺劍時先扣腕，再隨轉體畫弧，向前上方刺出，動作要連貫。

（159）

（160）

（161）

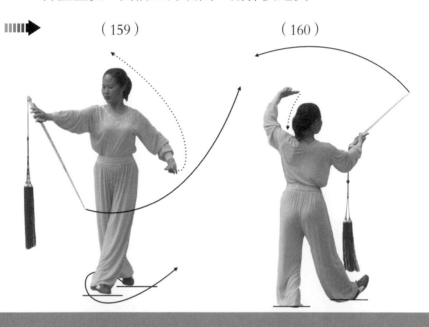

【四十五　叉步提劍】

插步與提劍動作要同時完成，劍收至右側耳旁。

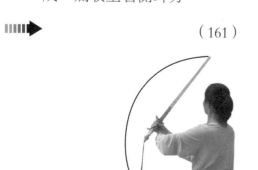

（161）

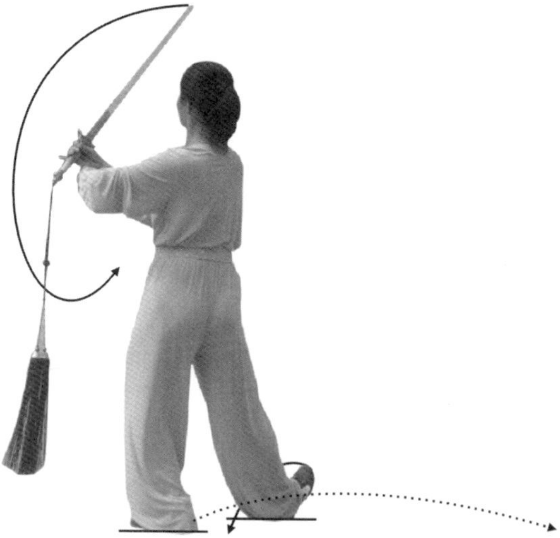

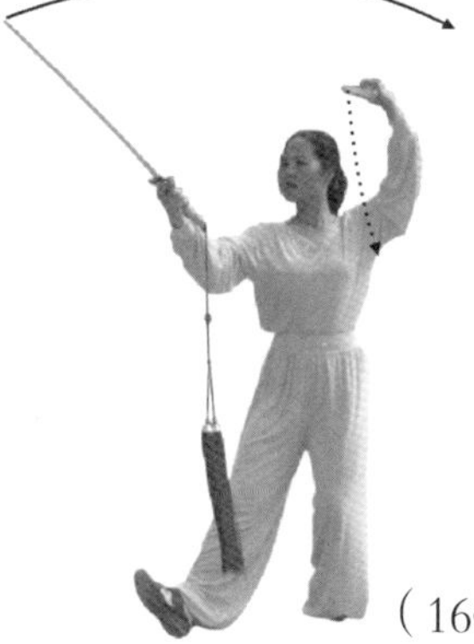

（160）

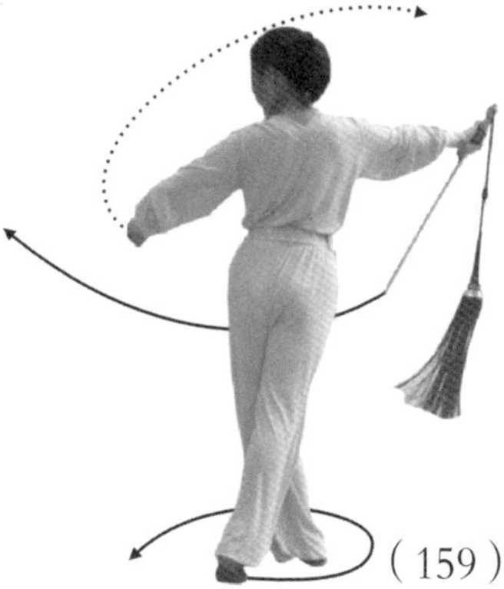

（159）

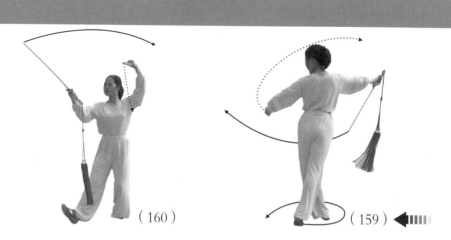

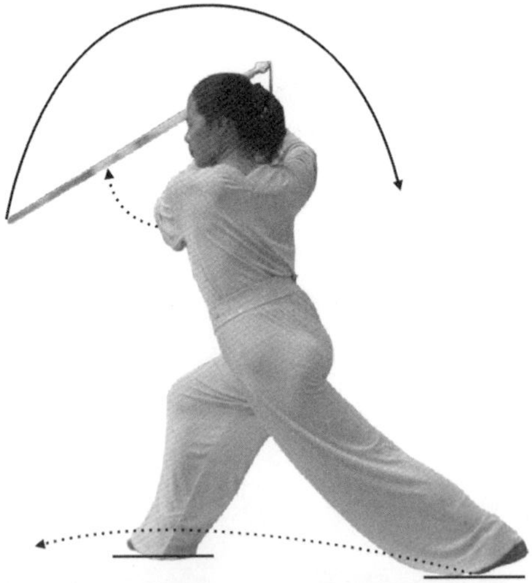

（162）

（163）

【四十六　甩穗後舉腿挑劍】

畫弧甩穗一周與右前擺腳要協調配合，後舉腿與甩穗、挑劍要同時完成，動作要連貫自然。

(163)

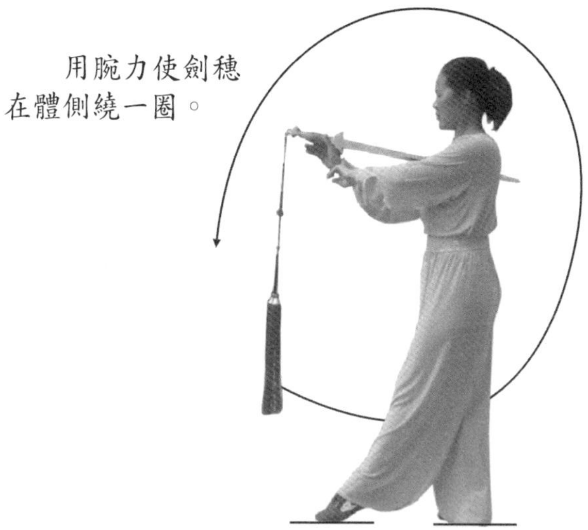
用腕力使劍穗
在體側繞一圈。

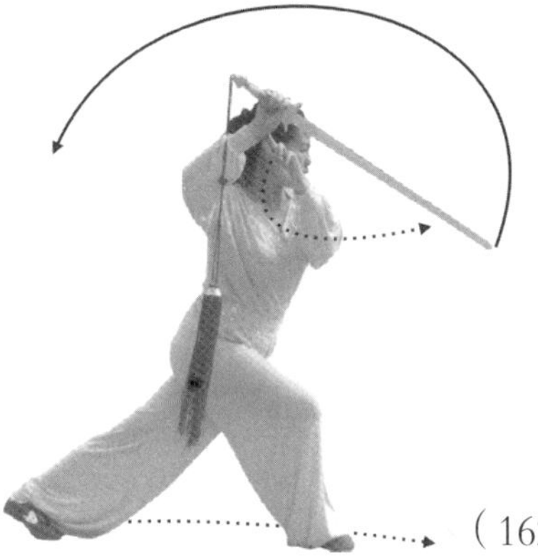

(162)

(164)

(165)

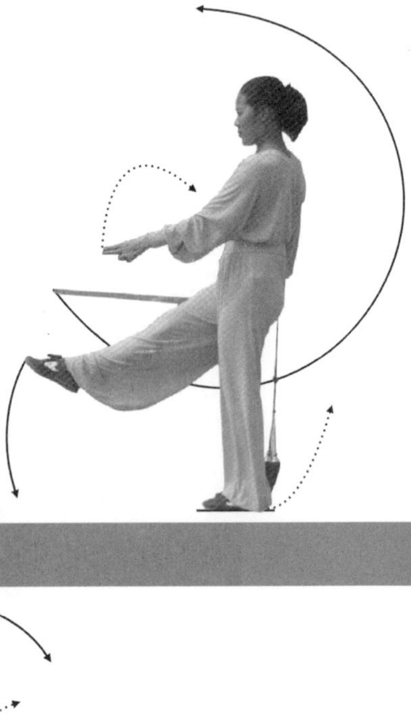

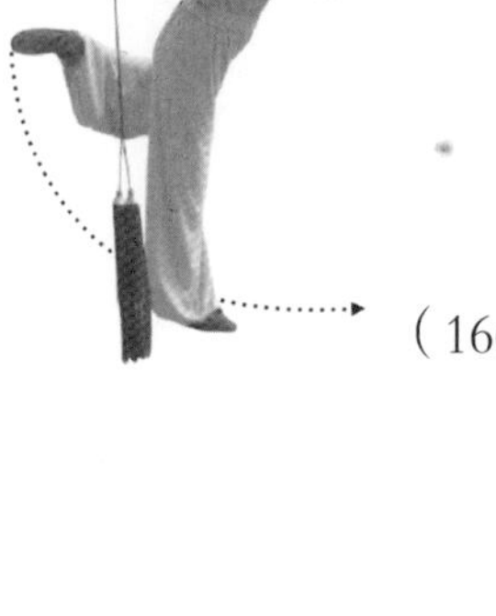

(166)

（166）

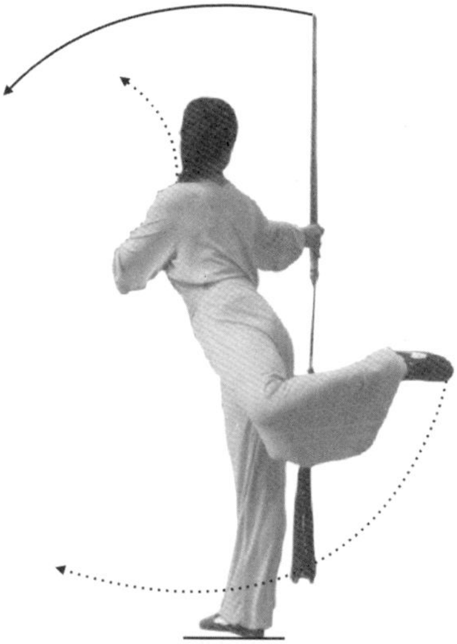

錯誤喲！

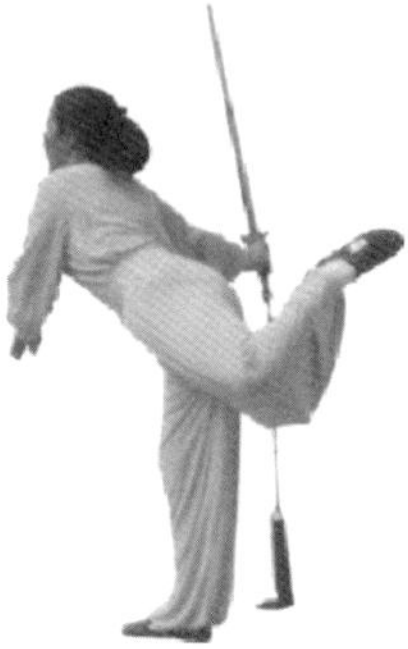

未合手，未擰腰。

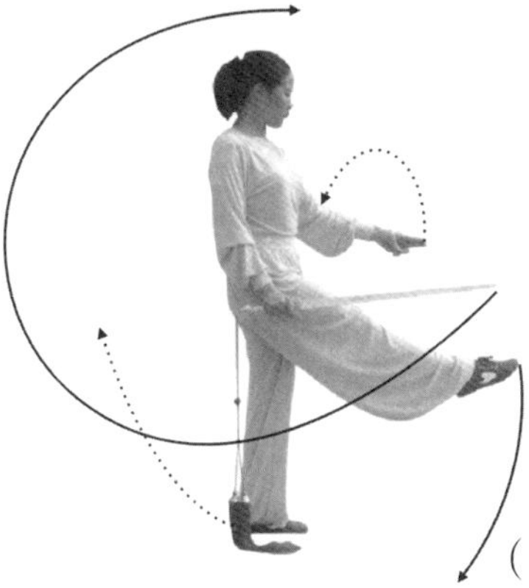

（165）

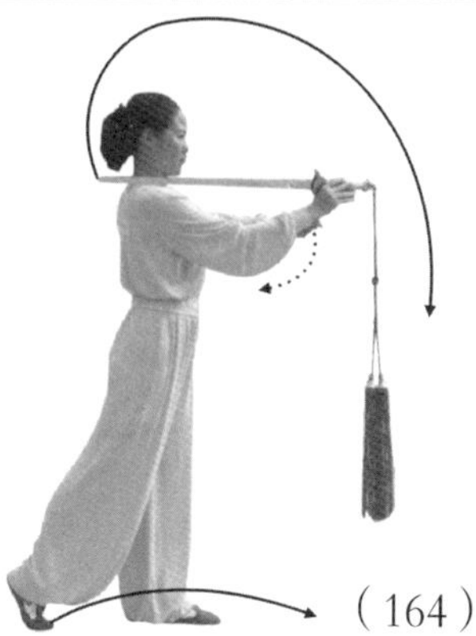

（164）

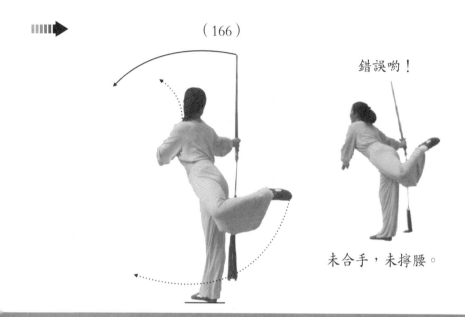

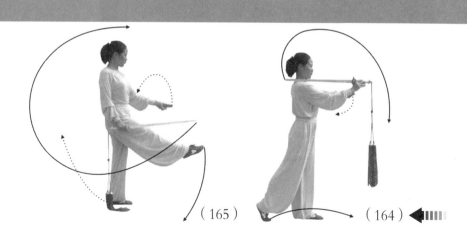

【四十七　轉身雲劍】

以腰帶臂，以腕為軸雲劍動作連貫、自如，劍身要平。

（167）

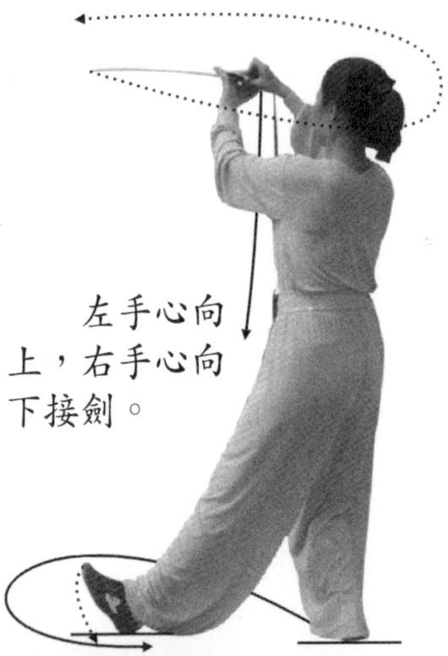
左手心向
上，右手心向
下接劍。

（168）

左手心向
上雲劍一圈。

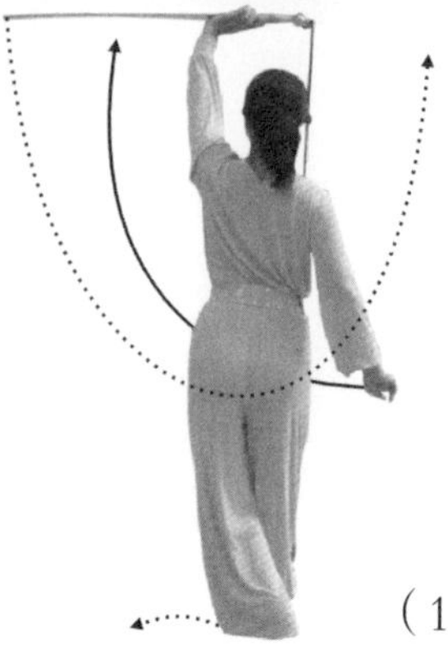

（169）

(169)

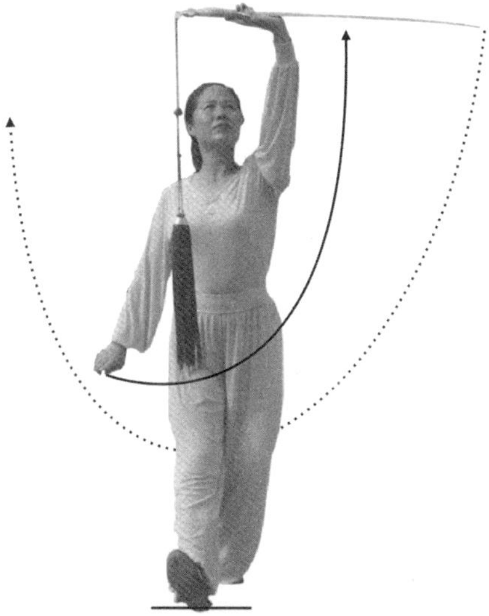

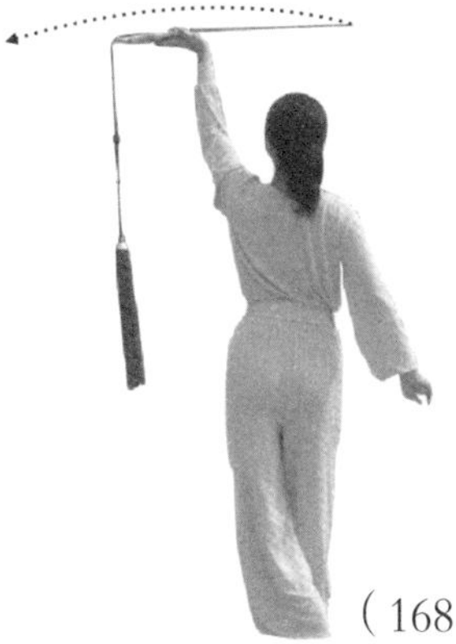

(168)

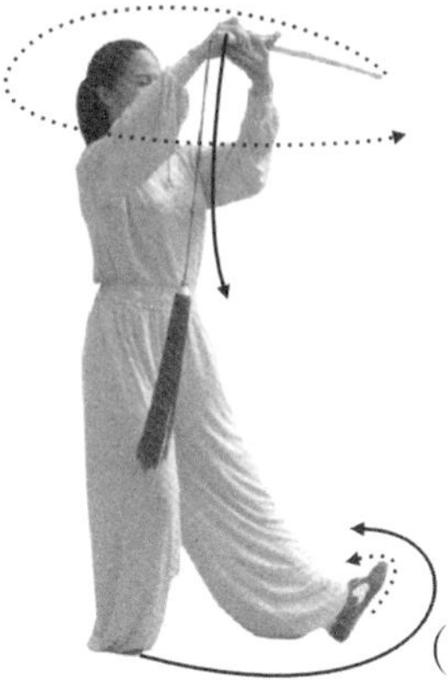

(167)

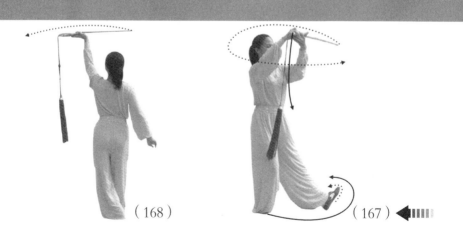

【四十八　前點步持劍亮指】

高虛步與前點步動作要協調配合，同時完成。

（170）

（172）

（171）

【收勢】

上步落手併步持劍要協調，全身放鬆、自然。

(171)

(172)

(170)

主編簡介

溫力，男，河北省蠡縣人，漢族，1943年11月生。1967年畢業於武漢體育學院，1981年武漢體育學院研究生畢業留校任教。現任武漢體育學院武術系教授。1985年獲教育學碩士學位，是中國第一批獲得碩士學位的武術專業工作者之一。自幼隨父母（中國著名的武術界前輩）溫敬銘、劉玉華兩位教授學習武術，有堅實的武術技術和理論基礎。多年來從事武術教學工作，對武術基礎理論有較深入的研究，多次擔任國內外重大比賽的武術裁判。

彩色圖解太極武術

1 太極功夫扇

定價220元

2 武當太極劍

定價220元

3 楊式太極劍

定價220元

4 楊式太極刀

定價220元

5 二十四式太極拳+VCD

定價350元

6 三十二式太極劍+VCD

定價350元

7 四十二式太極劍+VCD

定價350元

8 四十二式太極拳+VCD

定價350元

9 楊式十六式太極拳 十八式太極劍

定價350元

10 楊氏二十八式太極拳+VCD

定價350元

11 楊式太極拳四十式+VCD

定價350元

12 陳式太極拳五十六式+VCD

定價350元

13 吳式太極拳五十六式+VCD

定價350元

14 精簡陳式太極拳八式十六式

定價220元

15 精簡吳式太極拳三十六式 拳架・推手

定價220元

16 夕陽美功夫扇

定價220元

17 綜合四十八式太極拳+VCD

定價350元

18 三十二式太極拳 四段

定價220元

19 楊式三十七式太極拳+VCD

定價350元

20 楊氏五十一式太極劍+VCD

定價350元

21 嫡傳楊家太極拳精練二十八式

定價220元

養生保健 古今養生保健法 强身健體增加身體免疫力

1 醫療養生氣功

定價250元

2 中國氣功圖譜

定價250元

3 少林醫療氣功精粹

定價250元

4 龍形實用氣功

定價220元

5 魚戲增視強身氣功

定價220元

7 道家玄牝氣功

定價200元

8 仙家秘傳袪病功

定價160元

9 少林十大健身功

定價180元

10 中國自控氣功

定價250元

11 醫療防癌氣功

定價250元

12 醫療強身氣功

定價250元

13 醫療點穴氣功

定價250元

14 中國八卦如意功

定價180元

15 正宗馬禮堂養氣功

定價420元

16 秘傳道家筋經內丹功

定價300元

17 三元開慧功

定價250元

18 防癌治癌新氣功

定價180元

19 禪定與佛家氣功修煉

定價200元

20 顛倒之術

定價360元

21 簡明氣功辭典

定價360元

22 八卦三合功

定價230元

23 朱砂掌健身養生功

定價250元

24 抗老功

定價230元

25 意氣按穴排濁自療法

定價250元

27 健身祛病小功法

定價200元

28 張氏太極混元功

定價250元

30 中國少林禪密功

定價200元

31 郭林新氣功

定價400元

32 八卦之源與健身養生

定價280元

33 現代原始氣功1

定價400元

34 養生開脈太極

定價300元

35 通靈功一養生祛病及入門功法

定價300元

37 太極內功養生法

定價180元

太極跤

1 太極防身術

定價300元

2 擒拿術

定價280元

3 中國式摔角

定價350元

簡化太極拳

1 陳式太極拳十三式

定價200元

2 楊式太極拳十三式

定價200元

3 吳式太極拳十三式

定價200元

4 武式太極拳十三式

定價200元

5 孫式太極拳十三式

定價200元

6 趙堡太極拳十三式

定價200元

原地太極拳

1 原地綜合太極二十四式

定價220元

2 原地活步太極四十二式

定價200元

3 原地簡化太極拳二十四式

定價200元

4 原地太極拳十二式

定價200元

5 原地青少年太極拳二十二式

定價220元

6 原地兒童太極拳十捶十六式

定價180元

健康加油站

1 糖尿病預防與治療

定價200元

2 胃部機能與強健

定價180元

3 不孕症治療

定價200元

4 簡易醫學急救法

定價200元

5 肥胖健康診療

定價200元

6 肝功能健康診療
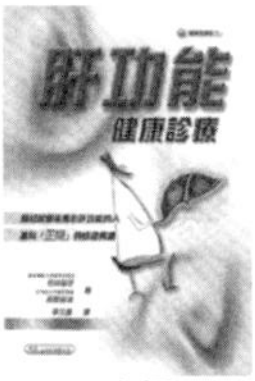
定價200元

7 高血壓健康診療

定價200元

8 高血糖值健康診療

定價200元

9 尿酸值健康診療

定價200元

10 膽固醇中性脂肪健康診療

定價200元

11 痛風劇痛消除法

定價180元

12 三溫暖健康法
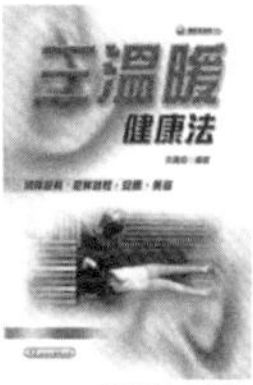
定價180元

13 手・腳病理按摩

定價180元

14 B型肝炎預防與治療

定價180元

15 吃得更漂亮、健康

定價180元

16 茶使您更健康

定價180元

17 圖解常見疾病運動療法

定價180元

18 科學健身改變亞健康

定價180元

19 簡易萬病自療保健

定價220元

20 王朝秘藥媚酒

定價180元

21 立見實效保健操

定價180元

22 越吃越幸福

定價200元

23 荷爾蒙與健康

定價180元

24 越吃越長壽

定價200元

25 自我保健鍛鍊

定價180元

26 斷食促進健康

定價180元

運動精進叢書

1 怎樣跑得快

定價200元

2 怎樣投得遠

定價180元

3 怎樣跳得遠

定價180元

4 怎樣跳的高

定價180元

5 高爾夫揮桿原理

定價220元

6 網球技巧圖解

定價220元

7 排球技巧圖解

定價230元

8 沙灘排球技巧圖解

定價230元

9 撞球技巧圖解

定價230元

10 籃球技巧圖解

定價220元

11 足球技巧圖解

定價230元

12 羽毛球技巧圖解

定價220元

13 乒乓球技巧圖解

定價220元

14 曲線球與飛碟球

定價300元

15 街頭花式籃球

定價280元

16 精彩高爾夫

定價330元

17 巴西青少年足球訓練方法

定價230元

快樂健美站

1 柔力健身球

定價280元

2 自行車健康享瘦

定價280元

3 跑步鍛鍊走路減肥

定價280元

4 創造健康的肌力訓練

定價220元

5 舒適超級伸展體操

定價280元

6 水中有氧運動

定價280元

7 雕塑完美身材

定價280元

8 創造超級兒童

定價280元

9 使頭腦變聰明

定價280元

10 防止老化的身體改造訓練

定價280元

11 三個月塑身計畫

定價280元

12 懶人族瑜伽

定價280元

13 忙裡偷閒練瑜伽基礎篇

定價240元

14 忙裡偷閒練瑜伽祛病養生篇

定價240元

15 健身跑激發身體的潛能

定價200元

16 中華鐵球健身操

定價180元

17 彼拉提斯健身寶典

定價280元

18 全身保健操＋VCD

定價280元

19 瑜伽美姿美容

定價180元

20 豐胸做自信女人

定價200元

21 輕鬆瑜伽治百病

定價280元

22 瑜伽秀體小品

定價280元

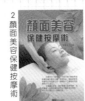

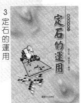

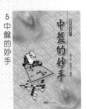

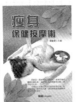

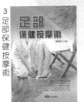

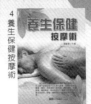

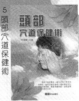

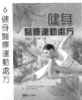

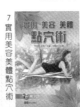

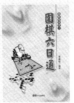

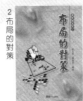

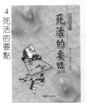

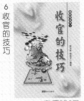

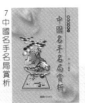

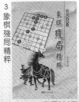

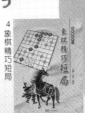

太極武術教學光碟

太極功夫扇
五十二式太極扇
演示：李德印 等
(2VCD)中國

夕陽美太極功夫扇
五十六式太極扇
演示：李德印 等
(2VCD)中國

自然太極拳81式
演示：祝大彤
内功篇(2VCD)、
技擊篇(2VCD)、
篇養生篇(2VCD)

太極內功解秘
演示：祝大彤
(2VCD)中國

陳氏太極拳及其技擊法
演示：馬虹(10VCD)中國
推手技巧及功力訓練
演示：馬虹(4VCD)中國

楊氏太極拳
演示：楊振鐸
(6VCD)中國

本公司還有其他武術光碟
歡迎來電詢問或至網站查詢
電話：02-28236031
網址：www.dah-jaan.com.tw

原版教學光碟

歡迎至本公司購買書籍

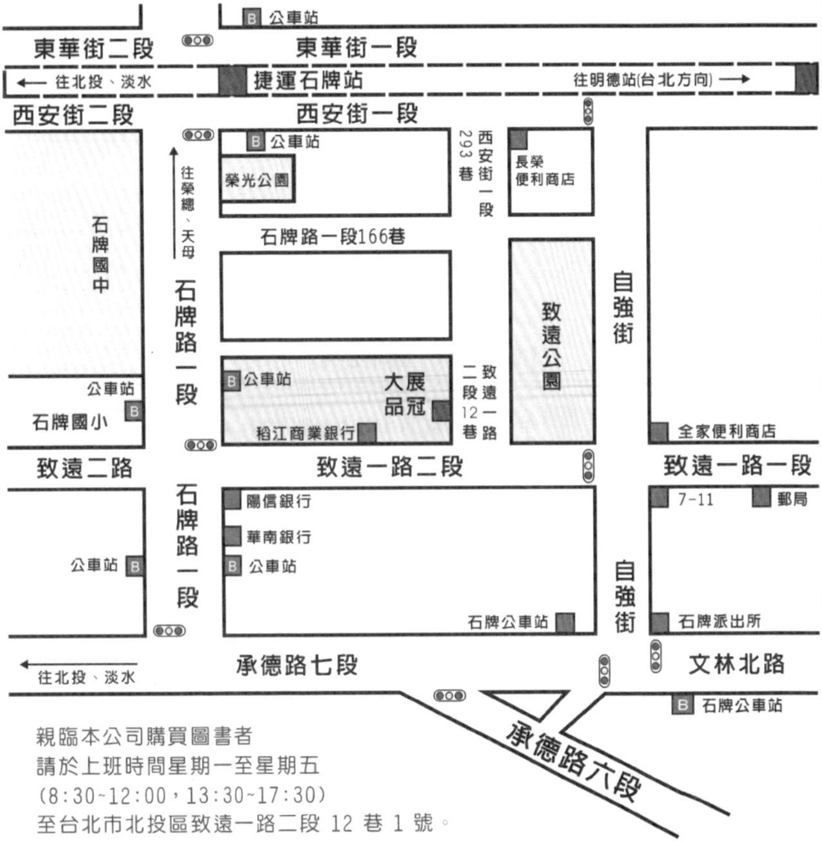

親臨本公司購買圖書者
請於上班時間星期一至星期五
(8:30~12:00，13:30~17:30)
至台北市北投區致遠一路二段 12 巷 1 號。

建議路線

1.搭乘捷運・公車

淡水線石牌站下車，由出口出來後，左轉(石牌捷運站僅一個出口)，沿著捷運高架往台北方向走(往明德站方向)，其街名為西安街，至西安街一段293巷進來(巷口有一公車站牌，站名為自強街口)，本公司位於致遠公園對面。搭公車者請於石牌站(石牌派出所)下車，走進自強街，遇致遠路口左轉，右手邊第一條巷子即為本社位置。

2.自行開車或騎車

由承德路接石牌路，看到陽信銀行右轉，此條即為致遠一路二段，在遇到自強街(紅綠燈)前的巷子左轉，即可看到本公司招牌。